Auszeit Afrika

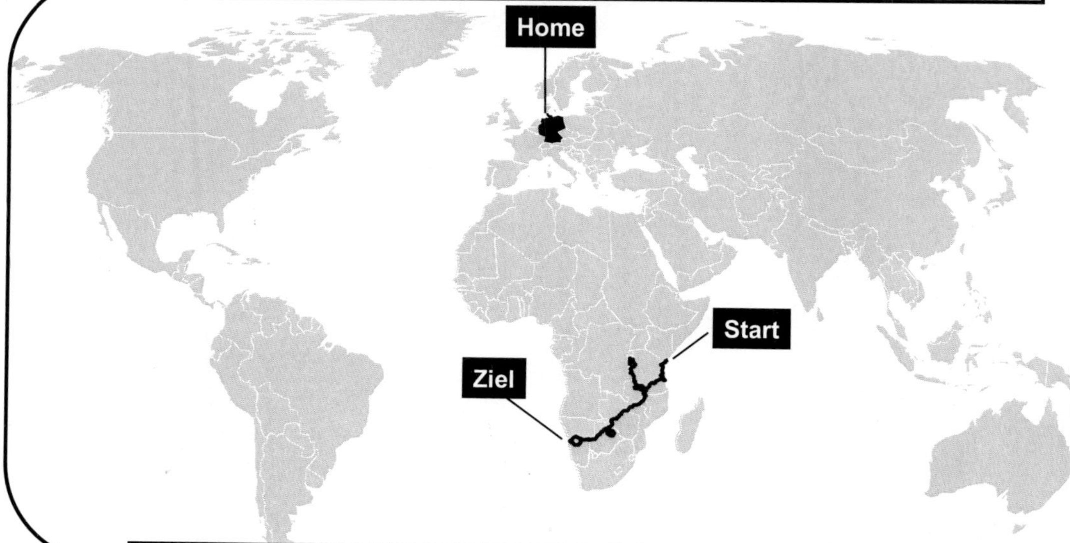

Zu zweit mit dem Motorrad von Ost nach West

Sebastian Herzog wurde am 05.01.1983 in der Nähe von Hannover geboren. Nach dem Abitur und einer Ausbildung zum Rettungssanitäter zog es ihn im Jahr 2003 erstmals in die Ferne. Als Backpacker, also als Kürbisse pflückender, in Restaurants kellnernder und viel Party machender Halbstarker durchstreifte er für ein Jahr Australien und Neuseeland. Außer Erfahrungen und der Lust am Reisen fand er – wer hätte es zu dieser Zeit gedacht – seine spätere Frau Anke. Nur ein Jahr später packte Sebastian Herzog erneut den Rucksack und reiste zwei Monate durch Indien. Während des Studiums arbeitete er im Jahr 2006 in San Francisco, schrieb seine Diplomarbeit in Delhi und ist seit 2008 in der Strategie-Abteilung der Deutschen Lufthansa tätig. 2010 wurde das Jahr, in dem Sebastian Herzog sich seinen Mut, seinen besten Freund und ein Motorrad schnappte und einen lange gehegten Traum wahr werden ließ: Die beiden durchquerten Afrika von Ost nach West in zwei Monaten. „Auszeit Afrika" ist sein erster, in Buchform veröffentlichter Reisebericht.

Schon früh fasste Sebastian Herzog seine Gedanken in Worte und schrieb, was ihn bewegte, entweder für sich alleine oder für die ganze Welt lesbar ins digitale „www" gebloggt. Seine Reiseberichte sind mal nachdenklich stimmend, mal Lachmuskeln erschütternd und mal ergreifend emotional. Doch eines sind sie immer: Schonungslos ehrlich.

Sebastian Herzog

AUSZEIT AFRIKA

Zu zweit mit dem Motorrad von Ost nach West

1. Auflage 2011

Autor: Sebastian Herzog
Fotos & Collagen: Sebastian Herzog
Umgebungskarten: Sebastian Herzog
Cover-Gestaltung: Sebastian Herzog

Cover-Elemente von:
Boris Fay (Skizzen)
Lars Lindblad - Fotolia.com (Schreibblock)
javarman - Fotolia.com (Hintergrund)
WoGi - Fotolia.com (Stempel)

Verlag: tredition GmbH
ISBN: 978-3-8424-0126-6
Printed in Germany

INHALT

NACH AFRIKA

Vorwort

Vorwort. Oder besser: Warum und wie dieses Buch entstand. Ich will Erinnerungen konservieren. Ich möchte sie in der Hand halten und mit Abstand betrachten, anstatt nur von meinen eigenen Gedanken zu zehren. Bisherige Reisen sind als Diashow, Internet-Blog oder Backpacker-Movie digital verewigt. Schon lange verfolgt mich die Idee, bei der nächsten großen Reise etwas anderes zu kreieren.

In dem Moment, in dem der Entschluss zu diesem Afrika-Abenteuer gefallen war, nahm ich mir vor, eben dieses in Buchform zu dokumentieren. Entstanden ist eine Mischung aus Tagebuch und Reportage. Es ist ein Bericht aus meinem, aus unserem Alltag im Nichtalltäglichen. Wir, das sind Timo, mein bester Freund, und ich. Angetrieben von Abenteuerlust und Neugierde auf das Fremde durchquerten wir Afrika von Ost nach West.

Es war unsere erste Reise auf dem Motorrad und es war die erste Reise in Afrika. Zusammen fuhren wir über politische Grenzen und erfuhren dabei unsere eigenen. Unvergessen sind all die schönen Momente, die wilden Tiere in freier Natur, die interessanten Personen, die unglaublichen Straßen, die Viktoria Fälle und das Okawango Delta. Jedoch ist auch vieles schiefgelaufen: Totalschaden, sich gegenseitig mit dem Motorrad abschleppen müssen, an Malaria erkranken, in völliger Erschöpfung in der Einöde liegen bleiben, das geplante Reiseziel nicht erreichen, bestohlen werden.

Die folgenden Seiten nehmen den Leser mit auf unseren Weg. Es folgt ein Trip, der mit dem K(r)ampf einer Reiseorganisation beginnt, durch zwei Monate pures Abenteuer führt und mit dem erneuten Eintauchen in die Gesellschaft endet.

Kurz: Dieses Buch ist meine intime Darstellung der Geschichten, Erlebnisse und Gedanken, die im Zusammenhang mit unserem großen Afrika-Abenteuer stehen.

Origin & Destination

Sonntag, 03.01.2010, 7 Monate bis Afrika, Wiesbaden

Grün hinter den Ohren..., ja das bin ich mal wieder. Ich stehe am Anfang einer neuen Idee, Gedankenstränge ohne Vorwissen schwirren im Kopf umher. Neujahr ist zwei Tage vorbei – der Kopf suggeriert, es wäre eher zwei Stunden her. Heute ist Sonntag, ein Tag auf dem Sofa. Mein Rechner, meine Welt. Die letzten 16 Stunden habe ich surfend im Netz verbracht. Dies war mein erstes Mal. Das erste Mal, dass ich mich systematisch mit der Idee Afrika auseinandergesetzt habe.

Vom Grundsatz sind Timo, mein „Best Buddy" und ich uns schon seit Ewigkeiten einig. Wir wollen wieder zusammen reisen. Wie „damals", als wir beide zwei Monate eines einjährigen Australienaufenthaltes nutzten, um die Reise unseres Lebens zu unternehmen. Zwei Monate lang fuhren wir die Ostküste Australiens von Cape Tribulation bis Sydney hinab. Zwei Monate pennten wir quasi jede Nacht in unserem Van auf einer alten Matratze. Zwei Monate sahen wir des anderen Fratze zum Frühstück und wussten am Ende, dass wir die Zeit unseres Lebens hatten. Nach zwei Monaten war das Geld verfeiert, versoffen, der Wagen verkauft und jeder ging wieder seinen eigenen Weg (er zur Westküste, ich nach Neuseeland). Daheim in den vier deutschen Wänden schnitten wir einen Film, ein Roadmovie, zusammen. Wir feierten und ließen uns feiern. Schon damals wussten wir, dass wir es wiederholen „müssen", dass wir dieses gemeinsame Einsame erneut aufleben lassen wollen.

Letztes Jahr, sechs Jahre nach der Australien-Reise, sprachen wir über diese und jene Pläne. Timo steckte mitten im Medizinstudium, ich hatte mein duales BWL-Studium gerade abgeschlossen und erlebte die ersten Tage als Arbeitnehmer in der Strategieabteilung bei der Lufthansa. Schnell begriffen wir, dass es so schnell nichts werden würde mit der nächsten Reise. Längst waren wir tief verwurzelt im Garten der gesellschaftlichen Verpflichtungen. Jahrelange Beziehungen, Studium, Job. Wir hatten all diese Dinge, die einen halten, wo man gerade ist. Doch auch Dinge die einen halten kann man loslassen, ohne sie zu verlieren und so sagten wir uns, „wenn nicht jetzt, wann dann“? Schon komisch einen solchen Satz mit Mitte Zwanzig von sich zu geben. Aber trotzdem ist er wahr. Denn wenn wir es jetzt nicht schafften, dann würden wir heiraten und Kinder bekommen und erst wieder von großen Abenteuern träumen, wenn die Kleinen größer geworden sind.

Gerne zog ich Timo damit auf, dass sein „lebenslang dauerndes“ Medizinstudium dafür verantwortlich sei, dass wir keine großen Reisen planen können. Der Konter folgte prompt: Seiner Meinung nach läge die Schuld fürs Nicht-Reisen-Können bei mir. Ich sei der versnobte BWL´er im Bürokleid, welcher nicht mehr aus dem Hamsterrad herauskommt. Wir stichelten uns und dann sagte Timo den einen Satz: „In 2010 kann ich ca. zwei bis drei Monate vor die Doktorarbeit schieben, dann könnten wir reisen“. Meine Reaktion war kurz und klar: „Kläre, ob es zu 100% möglich ist und dann bespreche ich es mit meinem Chef.“

Über das „Wie“ und „Wohin“ brauchten wir nicht zu reden. Die Kombination aus Motorrad und Afrika schwirrte Timo und mir bereits als vage Vorstellung im Kopf herum, als wir damals durch Australien tobten und uns überlegten, welche Abenteuer uns als Nächstes reizen würden.

Und so kam es, dass ich kurze Zeit nach diesem Gespräch auf der Arbeit ansprach, dass ich gern von selbiger eine Pause hätte. Dies ist kein leichtes Unterfangen, wenn man gerade erst seit Kurzem im Job ist. Jedoch ist es auch kein schwieriges Unterfangen, wenn man verständnisvollen Chefs gegenübersitzt. Wir diskutierten das „Wie“ und mein Chef diktierte das „Wann“ und „Wielange“. Sobald die Projekte für 2010 standen, saßen wir erneut zusammen. Eine lockere, eine freundschaftliche Atmosphäre, eine Wertschätzung die sicherlich nicht selbstverständlich ist und ein Ergebnis, das traumhaft ist: Ich „darf“ vom 01. August 2010 für zwei Monate der Firma den Rücken kehren.

Seit September 2009 wusste ich also, dass Timo und ich eine Auszeit für den Sommer 2010 planen konnten. Ich wusste jedoch auch, dass ich perfektionistisch und monofokussierend veranlagt bin. Für mich stand fest, dass ich mich erst ab 2010 mit unserer Afrika-Reise beschäftigen würde. Alles andere hätte mich in den Wahnsinn geführt. Ein Jahr Vorbereitung wäre ungesund, wenn man wie ich dazu neigt, sich selbst zu stressen. Und weil Perfektionsdrang oft mit Disziplin korreliert, saß ich, kaum dass der Kalender beim Umblättern das Jahr „2010“ zeigte, den gesamten (heutigen) 03. Januar vor meinem Laptop und las, plante und informierte mich:

Afrika ist groß, wohin wollen wir eigentlich? Am liebsten würde ich von hier losfahren. An einem „Tag X“ den Anzug abstreifen und in meine Motorradklamotten steigen. Das Bike satteln und Wiesbaden im Rückspiegel kleiner werden sehen, während Afrika mit jeder Umdrehung der Reifen näher rückt. Zurück auf dem Boden der Tatsachen wird mir schnell klar, dass ich weder Motorrad noch entsprechende Klamotten habe und zwei Monate wohl kaum ausreichen, um von hier nach und durch Afrika zu fahren. Wie wäre es mit der Route „Kairo-Kapstadt“? Im Internet finde ich den Reisebericht von Gerry. Gerry ist erfahrener Biker und hat diese Strecke in stressigen 58 Tagen zurückgelegt. Hhm, wir haben ca. 60 Tage und sind vollkommen unerfahren. Ok, verstanden! Afrika ist nicht nur groß, sondern verdammt groß. Wir könnten also nach Kapstadt fliegen und dann von dort eine Tour durch den Süden Afrikas machen.

Ich benötige zehn Minuten Internetrecherche, um zu erkennen, dass ich sicherlich nicht die asphaltierten Kurven der Garden-Route und Co als Hauptattraktion unserer Reise erleben will. Es soll dirty werden. Also google ich weiter, durchforste Foren und lande irgendwann auf der Homepage eines Arztes, der seit Jahren seine Jahresurlaube auf Motorrädern verbringt. „Possi“ ist nach Nairobi in Kenia geflogen und von dort aus über den Äquator durchs Innere des Kontinents bis nach Kapstadt gefahren. Yep, das ist eine Tour, die ich mir vorstellen könnte. Aber wie startet man eine Tour in Nairobi? Kann man die Bikes einfach so, ohne sie auseinander zu bauen, ins Landesinnere nach Afrika schicken? Ja, man kann. Es gibt spezialisierte Speditionen, ich stoße spontan auf „flybike“ und „bikeworld-travel“. Einen Sonderdeal mit meinem Arbeitgeber Lufthansa kann ich vergessen. Motorräder sind als Gefahrgut eingestuft und daher gibt es beim Versenden keinen Mitarbeiterrabatt. Schade!

Meine heutige E-Mail an Timo wird länger und länger. Haben wir überhaupt dieselben Vorstellungen vom Trip? Wollen wir jeden einzelnen Tag auf unseren Motorrädern sitzen oder immer mal wieder Ruhetage einlegen? Fahren wir eher sechs oder zwölf Stunden am Tag? Ist es für ihn ebenfalls ok, wenn wir so oft wie möglich campen? Ich habe tausende Gedanken, die durch meinen Kopf schwirren. Wie wollen wir uns eigentlich um all die Organisation kümmern? Timo lebt in Hannover, ich wohne 500 km entfernt in Wiesbaden. Wir werden viel telefonieren und uns hoffentlich an ein bis zwei Wochenenden treffen. Und dann nach Afrika aufbrechen…, was für eine seltsame Vorstellung. Ich muss grinsen. Timo hat wenigstens schon ein Motorrad. Er hat sich vor einem Jahr eine alte Honda Transalp gekauft. Seiner Meinung nach kommen nicht so viele verschiedene Bike-Arten für diesen Trip in die engere Wahl.

Ansonsten haben wir quasi nichts. Wir haben keine Ahnung vom Umrüsten oder Warten der Bikes und keine Ahnung von Afrika. Dafür haben wir ab heute sieben Monate Zeit, dieses Wissen zu erlangen. Ein langer Tag ist um und während diese Zeilen entstehen, ist es bereits weit nach Mitternacht. Ich schreibe diese Zeilen gerne und nehme mir vor, unser wildes Abenteuer in all seinen Planungs- und Durchführungsfacetten zu dokumentieren und hoffe, dass die Energie, die mich beim Gedanken an das Bevorstehende durchfließt, nicht die geringste Spur abnimmt.

Irgendwie fängt es an

Montag, 01.02.2010, 6 Monate bis Afrika, Wiesbaden

Den letzten Monat haben Timo und ich uns diverse E-Mails hin- und hergeschrieben und uns vorerst auf die Route „Kenia-Kapstadt“ geeinigt. Nach diesen digitalen Erlebnissen durfte ich neulich das erste Mal ganz konkret spüren, dass wir verreisen werden. Beim medizinischen Dienst der Lufthansa habe ich die erste Tollwut-Impfung in den Arm gejagt bekommen. Auf dem Programm stehen noch Impfungen gegen Hepatitis, Meningitis, Typhus, Tetanus, Diphterie, Polio, Keuchhusten und Gelbfieber. Alleine fürs Impfen werde ich mehr als 250€ ausgeben müssen. Dazu kommen noch die Kosten für Anti-Malaria-Medikamente. Mit der Ärztin diskutierte ich lange über die Vor- und Nachteile von Malaria-Prophylaxen. Nach 30 Minuten hielt ich ihre Visitenkarte in den Händen und fragte mich, ob ich wirklich weiß, was wir tun.

Als ich Timo von meinem Gespräch mit der Ärztin berichte, druckst er etwas verlegen rum. In der Uni stand gerade Mikrobiologie auf dem Lehplan und in den Risikolandkarten war Afrika stets rot eingefärbt. Er fasste es mit folgenden Worten für mich als Laien zusammen: „Was auch immer es für Viren, Bakterien und Parasiten auf der Welt gibt, in Afrika sind sie fast alle zu finden“.

Naja, wir beruhigen uns damit, dass wir wenigstens im akuten Notfall auf uns selbst vertrauen können. Ich bin seit dem Zivildienst ausgebildeter Rettungssanitäter. Timo hat noch zwei Jahre drauf gelegt, die Ausbildung zum Rettungsassistenten abgeschlossen und ist im Gegensatz zu mir weiterhin regelmäßig im Rettungsdienst unterwegs.

Die meiste Zeit unserer Planungen verwenden wir gerade darauf, einen Überblick über die Bikes und notwendige Umbaumaßnahmen zu gewinnen. Ich lese von Dingen wie Motorschutz, Sturzbügel, Lenkererhöhung, Gepäckbrücken und Koffersystemen, Stollenreifen, Bordstromversorgung, progressiven Kabelfedern, Scottoiler, Seitenständerverbreiterung und Luftfilteransaugstutzenverlängerung. Oh Mann, ich habe von diesen Dingen überhaupt keinen Plan und meine Motivation, mich mit den Details zu beschäftigen, hält sich auch gerade in Grenzen. Also begebe ich mich auf die Suche nach einem passenden Navigationssystem. Wie so oft ‚will man, oder in diesem Fall ich, die eierlegende Wollmilchsau.

Liebe Wunschfee, ich wünsche mir ein wassergeschütztes, mit Batterie- und Bordstromversorgung laufendes, Vektor- und Rasterkarten lesendes, auf Motorrädern wie Mountainbikes einsetzbares Navi mit entsprechender Software. Leider gibt es keine Wunschfee und diese Suche verläuft vorerst im Sand. Egal, noch ist kein Zeitdruck und ich habe ja auch noch nicht mal ein Motorrad. Ich bin kein Biker aus Leidenschaft, für mich stellt das Motorrad ein Mittel zum Zweck dar. Hauptsache, ich finde ein Bike, das die Afrikareise übersteht. Danach kann die Maschine meinetwegen auseinanderfallen, „i could not care less".

Letzte Woche kam mal wieder der Postbote mit einem Amazonpaket vorbei. Ich habe mir inzwischen so ziemlich jedes Buch zum Thema „Motorradfahren in Afrika" bestellt. „Von Köln nach Kapstadt", „Mit dem Motorrad in die Sahara", „Abenteuer Afrika: Mit dem Motorrad nach Kapstadt", „Motorradtraum Afrika. 30.000 km Abenteuer von Kairo bis Kapstadt". Die meisten Bücher sind spannend geschrieben und fixen mich an. Das Erlebte der anderen ist eine Bestätigung dessen, was ich mir auf dieser Reise erhoffe. Es ist so seltsam, dass all die Bücher mehr oder weniger mit Tag 1 in Afrika beginnen. Ich hingegen habe das Gefühl, dass bereits die Vorbereitung einer solchen Reise ein Teil des Ganzen ist. Vielleicht rührt auch daher der Drang meine Gedanken bereits jetzt niederzuschreiben.

Tabellenblätter – oder der, der den Plan plant

Montag, 01.03.2010, 5 Monate bis Afrika, Wiesbaden

Es ist März, der Schnee wird weniger. Jeden der vergangenen Sonntage war ich in Afrika. Also zumindest gefühlt. Die DVD „Long way down" hat mich jeden Sonntagvormittag beim ausgedehnten Frühstück mit meiner Freundin gefesselt. Ewan Mc Gregor und Charlie Borman haben den Weg von Schottland bis nach Kapstadt in ca. 10 Wochen zurückgelegt. Begleitet wurden der Hollywoodstar und der Ralley-Dakar-Fahrer von einer Filmcrew. Auch wenn deren Budget, Planung und Umsetzung weit über unsere Verhältnisse hinausgeht, ist diese DVD dennoch der realistischste Eindruck vom unbekannten Mysterium Afrika. Was auch immer den beiden unterwegs passiert, eine von den vielen Kameras hält drauf: Wir sehen zermürbende und zeitraubende Grenzübertritte. Wir sehen gestresste Fahrer, die bis zu elf Stunden am Tag auf ihren Maschinen sitzen, um diese Mördertour in solch kurzer Zeit zu schaffen. Wir sehen stürzende Fahrer, die einfach keinen Bock mehr auf Sand- und Schotterpisten haben und ich bekomme einen kleinen Vorgeschmack auf das, was uns eventuell erwarten wird.

Den Satz „Na, machst du wieder eine Tabelle für Afrika" höre ich inzwischen regelmäßig von meiner Freundin, wenn ich vorm Laptop sitze und in die Tasten tippe. Und in der Tat, ich neige dazu, all meine Gedanken, Planungen etc. in unzähligen Tabellen ausufernder Excelblätter zu strukturieren. Es gibt Tabellen über den nächsten anstehenden Urlaub (in diesem Fall Kuba), Tabellenblätter über meine Versicherungen und Altersvorsorge, Tabellenblätter über meinen Lebenslauf, Tabellenblätter über meine diversen Börseninvestments, Tabellenblätter mit Startup-Ideen falls ich mal dem geordneten Leben des Arbeitnehmers entfliehen will und es gibt natürlich Afrika-Tabellen über Motorradeigenschaften, über Reiserouten, über Länderinfos, über Impfungen, Packlisten, etc.

Unsere „Einkaufs- und 2do-Liste" umfasst inzwischen über 200 Dinge, die wir besorgen müssen. Angefangen bei „A" wie ADAC-Migliedschaft oder Auslandskrankenversicherung bis „Z" wie Zündkerzenschlüssel oder Zulassungsschein. Es gilt günstige Artikel wie Kabelbinder zu besorgen und auch große Investitionen wie neue Federbeine müssen gestemmt werden. Notwendige Werkzeugsätze werden aufgezählt und reichen von Imbus über Montiereisen bis hin zu Speichenschlüsseln. Außerdem diskutieren wir über notwendige Ersatzteile wie neue Speichen, Benzinschläuche und Kupplungszüge, Öl- und Luftfilter oder z.B. Kettenschlösser und –sätze.

Es ist die Hölle. Jeder Bericht im Internet lässt die Liste wachsen. Es gab mal jemanden, dem ist die Kette unterwegs gerissen. Also brauchen wir auch eine Ersatzkette. Ich habe mal von jemandem gelesen, der ohne neue Speichen nicht hätte weiterfahren können. Also brauchen wir auch einen Satz Speichen. So ergeht uns das mit jedem einzelnen Artikel. Kaum, dass wir uns entschließen „Teil A" oder „Teil B" zu kaufen, finden wir eine Kundenrezension im Internet, die besagt, dass man auf keinen Fall die Ware von „Firma X", sondern lieber von „Firma Y" kaufen sollte. All diese Dinge versuche ich irgendwie in meiner Datei unterzubringen. Ob ich an akutem Strukturierungszwang leide? Naja, zumindest an chronischem Strukturierungshang.

Countdown beginnt

Donnerstag, 01.04.2010, 4 Monate bis Afrika, Wiesbaden

Noch immer ist kein Motorrad in Sicht. Eigentlich gibt es nichts Neues zu berichten. Die Hälfte des Monats war ich im Urlaub. Fidel Castros Imperium wurde mit einem Mietwagen erfahren. Ein faszinierendes Land dieses Kuba. Noch immer schmecke ich den Mojito, spüre die wärmenden Sonnenstrahlen, erinnere mich an die lachende Herzlichkeit und schaue auf die mitgebrachte Zigarre neben mir…

Letzte Woche hatten Timo und ich die Chance uns zu sehen. Ich war auf dem Rückweg aus St. Peter-Ording und wir beide haben uns kurz am Flughafen in Hannover getroffen. Der „Sack" kam mit seiner Transalp angefahren und ich konnte trotz des Regens und der nicht vorhandenen Motorrad-Klamotten nicht widerstehen: Es folgte eine große Runde um den kleinen Flughafen. Mit einem riesigen Grinsen stieg ich von der Maschine ab. Ich will auch! Auch wenn die Reise nach Afrika schon seit langem feststeht, so scheint der Countdown erst jetzt anzulaufen. Es steht kein weiterer Urlaub vorher an, es gibt aufgrund des wärmeren Wetters keine Entschuldigung dafür, immer noch kein Motorrad für diese Reise zu besitzen und es sind auf den Tag genau nur noch vier Monate Zeit. So langsam sollten meinen digitalen Planungen auch analoge Taten folgen.

600, 1993, 41.300, 1.300

Samstag, 01.05.2010, 3 Monate bis Afrika, Wiesbaden

Die vergangenen Wochen waren geprägt von Timos E-Mails. Während ich im Büro sitze und über irgendwelchen Strategiepapieren des Luftverkehrs brüte, erhalte ich E-Mails von ihm. E-Mails mit Fotos von seinem neuen Helm, Fotos von seinen neuen Crosstiefeln. Fotos als Puzzleteile einer Reiseplanung. Fotos als Beweis dafür, dass es konkreter wird. Und heute konnte ich zurückfotografieren:

Letzten Monat habe ich mich noch beschwert, dass ich so langsam aber sicher ein Motorrad brauche. Heute kann ich verkünden, dass genau ein solches vor der Tür steht: Honda XLV 600, Erstzulassung 1993, 41.300km gelaufen, 1.300€ bezahlt. Ein guter Deal. Das „Baby" wurde vom dritten seiner vier Vorbesitzer umlackiert und erstrahlt in seltsam anmutenden Blautönen. Bei Lack oder Grundierung wurde gefuscht – Letzteres blättert an einigen Stellen bereits ab. Fest steht, Schönheitspreise gewinnt man damit nicht. Aber vielleicht Tauglichkeitspreise. Denn von den zahlreichen Umbaumaßnahmen, die ich an meiner „Afrika-Transalp" vornehmen will, sind einige bereits durch den letzten Besitzer durchgeführt worden. Die Maschine verfügt bereits über Sturzbügel, Motorschutz, Crosslenker, progressive Gabelfedern, Touren-Windschutz und Cross-Kotflügel. Diese Vorteile wiegen natürlich auf, dass es sich nicht um eine scheckheftgepflegte Garagenmaschine ohne Regenkontakt handelt. Nein, sie wurde in Spanien auf leichtem Schotter eingeritten und wird von mir den Offroad-Ritterschlag auf afrikanischen Pisten erhalten. Doch bis dahin heißt es: PIMP MY BIKE. Die 1.300 €, die ich mit der linken Hand gerade für das Motorrad ausgegeben habe, werde ich mit der rechten Hand gerade nochmals ausgegeben: 800 € für ein Koffersystem der Marke Touratech sowie 500 € für ein Motorrad-Navi von Garmin. Beides hätte ich ca. 1/3 günstiger bekommen können – beide Male siegte jedoch Funktionsverliebtheit vor Sparsamkeit.

Die Koffer sind das „A und O" des Motorrads auf einer Reise. Sie sind der Kofferraum. Ohne sie gibt es keine Weiterfahrt, denn ohne sie gibt es kein Gepäck, keine Ersatzteile, keine Klamotten, kein Nix. Und wenn ich stürze, bzw. im Sand einfach wie eine Bahnschranke umfalle, dann müssen die Koffer halten, den Rahmen nicht verbiegen und auch sonst für keine weiteren Probleme sorgen. Naja und das Navi: Ich habe, wie im Februar bereits geschrieben, die eierlegende Wollmilchsau gesucht und Dank Garmin auch im Zumo 550 gefunden: Es ist wasserdicht, verfügt über ein großes, mit Handschuhen bedienbares Display und gilt als „das" Navi für Offroad Motorradtouren.

Juhu, ein Motorrad steht vor meiner Tür!
Die Auf- und Umrüstung kann endlich konkret werden!

Money, Money, Money

Dienstag, 01.06.2010, 2 Monate bis Afrika, Wiesbaden

It´s a rich mens world – gefühlt kurbeln wir gerade die Motorradausstatterindustrie (sofern sie sich so nennt) mit einem „Basti&Timo Konjunkturpaket“ an. Den gesamten Mai telefonieren wir beide im 2-Tages-Takt und erzählen uns abends, was wir denn noch so alles für diese Reise bräuchten. Bahn- und Busfahrten werden genutzt, um in die Tiefen der aktuellen Kataloge von Louis, Därr, Lauch&Masse, etc. abzudriften und natürlich gibt es weitere Excel-Listen, um unseren Einkaufswahn zu strukturieren. Nein, wir sind nicht naiv an diese Planung herangegangen und ja, wir wussten, dass uns die Ausrüstung viel Geld kosten wird. Jedoch ist die Summe aller Einzelteile erschreckend größer als die vielen kleinen Einzelpreise.

Was wir denn so alles brauchen? Nun, zusätzlich zu der bereits erwähnten Motorradumrüstung will auch die Motorradausrüstung geklärt sein. Welche Verschleißteile werden vor der Reise ersetzt, müssen alle Filter neu sein, was sind die Unterschiede bei Batterien, welchen Einfluss hat der Zündkerzenzustand, mit welchen Reifen gehen wir on tour? Welche Ersatzteile sollen uns auf der Reise begleiten, schleppen wir eine Ersatzkette, Lager, Speichen, Hebel, Züge und Schläuche mit? Wie umfangreich muss eigentlich unser Werkzeug sein und wo verstauen wir das alles? Benötigen wir beide eine Gepäckrolle und einen Tankrucksack zusätzlich? Wo befestigen wir unsere Kanister für Öl, Benzin und Wasser? Wie viel von allem braucht man eigentlich so in der Wüste? Und wie bereitet man das Wasser auf? Genügen Chlor-Tabletten oder sollte es ein Kohle-Filter sein? Und wo wir gerade beim Trinken sind, was essen wir eigentlich? Nehmen wir Tütengerichte und Snacks als Pausenfüller und Notproviant mit? Und sollten wir einen Kocher benötigen, darf man diesen im Flugzeug transportieren? Apropos Transport, wir haben immer noch nicht final geklärt, mit welcher Spedition wir die Motorräder nach Afrika schippen. Zum Thema Einfuhr: Welche Dokumente benötigen wir noch, um uns und die Bikes über die verschiedenen Grenzen zu bewegen? Thema bewegen: Bewegen wir uns in „normaler" Motorradkleidung bei „unnormalen" Temperaturen durch Afrika? Was für Stiefel, Helme und Jacken sind empfehlenswert? Und wenn wir gerade mal nicht fahren, was benötigen wir zum campieren? Ein Zelt gemeinsam, um Platz zu sparen oder zwei leichte High-Tech Iglus? Und wenn wir nicht campieren, sondern liegen: Haben wir benötigtes „Werkzeug", um uns oder die Motorräder zu versorgen? Jede Frage bringt uns an eine Kreuzung, jede Antwort ist ein Weg zur nächsten Kreuzung. Wir malen Gedanken aus, verbinden Gedankenstränge, strengen uns an, all das Notwendige zu erfassen und fassen uns oftmals über die entstandene Komplexität an den Kopf.

Vor ca. zwei Wochen hat das „erste Mal" zwischen mir und meiner Maschine stattgefunden. Nein, „sie" hat zwar noch keinen Namen, aber je mehr ich für sie kaufe, je intensiver ich mich mit „ihr" beschäftige, umso größer scheint meine emotionale Bindung zu werden. Große Pakete von Louis, ebay und Touratech stapelten sich im Hausflur und ich machte mich daran, das Kofferträgersystem anzubauen. Wir entblößten uns voreinander im Hinterhof. Ich zog sie aus und montierte ihr die Verkleidung ab. Meine Transalp stand das erste Mal in ihrem Motorradleben nackt vor mir. Ein nahezu spiritueller Moment entstand. Nicht, dass ich mich vor lauter spiritueller Hingezogenheit auch gleich ausgezogen hätte. Nein, meine

Entblößung war eher inhaltlicher Natur. Wie beim ersten Mal nicht unüblich, war ich etwas unbeholfen mit dem Werkzeug, wusste nicht genau, wo ich wann anfassen sollte und stellte mich ziemlich ungeschickt an. Der Tag endete auch noch in einem absoluten Desaster, da das Touratech System anscheinend nur an die Transalp der Baujahre ab ´96 passt. Meine Transalp hingegen ist ´94er Baujahr. Gefrustet baute ich also wieder alles ab, setzte mich mit Touratech in Verbindung und weiß bis heute immer noch nicht, wie ich das Problem lösen soll.

Zum ersten Mal kommt Stress und Unruhe in mir auf. Es sind noch zwei Monate bis zum Aufbruch nach Afrika – eigentlich genug Zeit. Da ich jedoch unter der Woche nahezu keine Zeit habe, um mich um die notwendigen Dinge zu kümmern, sind es „nur noch acht Wochenenden". Ich spüre, dass ich den Tag brauche, an dem ich weiß, dass alle notwendigen Dinge bestellt und die Motorräder reisefertig sind. Sich um Land und Leute, um die bevorstehende Reiseroute, etc zu kümmern – das steht ganz hinten an und wird notfalls vor Ort gemacht. Unser Weg ist das Ziel „and i wanna be ready to fly".

Schrauben schrauben und Mc Gyver himself

Donnerstag, 01.07.2010, 1 Monat bis Afrika, Wiesbaden

Der zurückliegende Juni war ein turbulenter Monat. Nicht nur weil die WM zusätzlich Zeit und Aufmerksamkeit gestohlen hat, bzw. immer noch stiehlt (England haben wir vor vier Tagen mit 4:1 weggeputzt), sondern vor allem, weil wir etliche Entscheidungen zum Auf- und Umrüsten treffen mussten.

Die Liste der 2do´s wurde im Juni immer länger, die Zeit immer weniger und die Nerven immer blanker. Wer baut mir ein Federbein ein, wo lerne ich Reifenwechseln, wie bastele ich mir eine vernünftige Bordsteckdose, um unterwegs Handy und Co zu laden? Diese Fragen stellte ich auch meinem Honda-Händler um die Ecke. Doch nachdem dieser kurz angebunden und wenig interessiert schien, fand ich die Lösung im Transalp-Forum. Gegen entsprechende Aufwandsentschädigung suchte ich jemanden, der mit mir zusammen die restlichen notwendigen Anbauten vornimmt und mich in die hohen Künste der Offroad-Wartung einweiht. Ich war auf der Suche nach einem kleinen Tipp, nach ein wenig Unterstützung und bekam eine volle Fuhre Hilfsbereitschaft: Mc Gyver nahm mich unter seine Fittiche. Sein bürgerlicher Name ist Horst. Und Horst ist bürgerlich konsequent: Er hat sich eine Honda Africa Twin gekauft, umgerüstet und ist inzwischen 420.000km gefahren. Mit zweitem Motor, versteht sich. Seine Maschine gleicht mehr einem Raumschiff als einer Afrika Twin – so anders ist sie. Einfach anders - genau wie er. Lebensfroh, hilfsbereit und kreativ, Vorsitzender des Vereins „Freunde der Afrika Twin". In Gedanken ist Horst dem eigenen Satz oft noch eben einen solchen voraus. Dabei verirrt er sich gerne in atemberaubenden Erzählsträngen von A wie „Afrika, Afrika, alles schon mal passiert", bis Z wie „Zum Teufel, wo war ich doch gerade". Schon bei unserem ersten Treffen an einer Ausflugsgaststätte im Wiesbadener Umland quasselten wir uns drei Stunden durch Gespräche über Reisen, Motorräder, Reisen, Motorräder und Reisen und Motorräder. Horst, derjenige der aus einer Nadel und einem Kaugummi einen Zylinderkopf reparieren könnte und ich, Basti, derjenige der nicht einmal weiß, wozu so etwas gut ist und wo ich es am Motorrad finde. Doch Horst lachte mich nicht aus. Vielleicht schüttelte er im Inneren den Kopf über meinen nicht vorhandenen Wissensschatz. Vielleicht fand er es aber auch einfach nur irgendwie interessant, dass ich ein derartiges Abenteuer mit meiner Unwissenheit starten will. Also bot er mir seine Hilfe an und wir verabredeten uns für ein Schrauber-Wochenende Ende Juni.

Drei Wochen später war es dann auch so weit. Eigentlich wollten wir lediglich das Federbein und die Bordsteckdose einbauen, sowie mir ein paar technische Basics wie z.B. Reifenwechsel beibringen. Aber erstens kommt es anders und zweitens als man denkt. Wie verbrachten eineinhalb Tage zusammen. Wir montierten das Federbein und das Scottoiler-System. Wir bastelten an der Bordelektrik, um die Steckdose Marke Horst´scher Eigenbau zu installieren. Wir fluchten über nicht passende Accerbis-Handschalen. Wir erweiterten den vom Vorbesitzer selbst gebastelten Riffelblech-Motorschutz. Wir montierten meine selbstgebastelte Werkzeugrolle aus Abflussrohr. Wir kämpften mit einer verzogenen Frontverkleidung und einem scheuernden Kotflügel. Wir analysierten die Verbrauchs- und Verschleißteile. Wir wechselten Öl und Filter. Wir stellten die

Kupplung und Bremse so ein, dass ich mit meinen dicken Daytona Boots besser zurechtkomme. Wenn ich „wir" schreibe, dann bedeutet dies: Horst gab Anweisungen und erledigte 80%. Ich reichte an, erledigte die Handlangertätigkeiten (reinigen, entfetten, schmieren, isolieren) stellte Fragen, notierte Tipps (z.B. immer eine alte Zahnbürste dabei haben, um den Luftfilter reinigen zu können, für „reibungslosen" Reifenwechsel immer etwas Spüli im Gepäck haben, ...) und montiere unzählige Male die Verkleidung an und ab. „Wir" haben viel geschafft und es hat Spaß gemacht. Das Geld ist bei Horst 1000 mal besser investiert, als wenn eine Werkstatt diese Dinge lediglich montiert hätte. Angenehmer Nebeneffekt: So langsam bekomme ich ein rudimentäres Verständnis von den technischen Zusammenhängen der Maschine.

Doch noch immer stresst mich, dass ich das Gefühl habe, dass uns die Zeit davonrennt. Immerhin sind es ab heute nur noch 30 Tage bis zum Abflug. Den „toten" Punkt meiner Motivation hatte ich letzte Woche: Auf dem Rückweg von Mc Gyver bin ich ohne Sprit liegen geblieben und musste das Bike in brütender Hitze ca. 800m bergauf zur nächsten Tankstelle schieben. Hätte auch schlimmer kommen können, nervt aber trotzdem tierisch. Am nächsten Tag habe ich mich stundenlang mit den Mitarbeitern von Touratech herumgeärgert, da mein Koffersystem immer noch nicht passt und der Umtausch sich quälend in die Länge zieht. Zu guter Letzt habe ich mir beim Anbau des Hauptständers auch noch den Schraubendreher, mit dem ich eigentlich nur die Feder spannen wollte, in den Finger gerammt. Da frage ich mich manchmal schon, warum ich diesen Trip eigentlich herbeizwinge. Ich hätte doch auch warten können, bis ich 50 Jahre bin, die noch nicht vorhandenen Kinder außer Haus sind, ich eine große Garage zum Schrauben und ein ausgeprägtes technisches Verständnis habe. Warum will ich diese Reise so unbedingt? Eine Frage, der ich vielleicht während meiner Reise nochmals tiefgreifender auf den Grund gehen werde. Denn heute beantwortet, würde ich sagen: Weil ich es einfach will und trotz aller Schwierigkeiten einfach tierischen Bock drauf habe!

Ich glaube, ich habe alles ...

Donnerstag, 08.07.2010, 3 Wochen v. Abreise, Wiesbaden

Seit meinen letzten Worten ist gerade mal eine Woche vergangen und ich glaube, ich habe jetzt alles. Wieso glauben? Eigentlich müsste ich es doch wissen. Wozu gibt es schließlich all meine Excel-Tabellen? Also genau formuliert, müsste es heißen: „Ich glaube, ich habe alles, was ich wirklich benötige und bin mir der Dinge bewusst, die ich noch zu besorgen habe." Ob unsere Entscheidungen richtig waren und ob wir zu wenig, zu viel oder schlichtweg falsche Dinge gekauft haben, wird sich eh erst während der Reise zeigen. Die inzwischen täglich geführten Diskussionen mit Timo sind äußerst unterhaltsam. Ich neige grundsätzlich dazu, noch ein Ersatzteil mehr zu kaufen und noch ein Verschleißteil zu ersetzen. Er hingegen sieht es etwas entspannter. Das muss Timo aber auch, da er als Student derjenige mit dem kleineren Portemonaie ist. Letzten Endes finden wir aber immer den gemeinsamen Nenner und bei einer der teuersten Anschaffungen, dem neuen Federbein für 500€, war sogar Timo die treibende Kraft. Ich fasse jetzt einfach mal zu den einzelnen Themen zusammen, für was wir uns entschieden haben.

Stichwort <u>Transport</u>: Da es für die Hinreise keine Alternative zum Flugzeug gibt, haben wir uns für fly-bike entschieden und müssen für den one-way Flug von Deutschland nach Kenia je Bike 1.300€ zahlen. Jeder! Günstiger ging es leider nicht.

Stichwort <u>Koffer, Taschen und Zubehör</u>: Jeder von uns hat ein Koffersystem (mind. 2x 30l) mit Stahlträgerrahmen. Zusätzlich haben wir uns für die wasserdichte 90l Gepäckrolle von Louis entschieden, um Klamotten, technisches Zubehör, Schlafsack, etc. unterbringen zu können. Vorne soll der obligatorische Tankrucksack nicht fehlen, um wichtige Dokumente, Handy, Kamera, Funkgeräte und sonstige Spielereien griffbereit zu haben.

Stichwort Umbauten: Sturzbügel, Motorschutz, progressive Gabelfedern, neues Federbein, Lenkererhöhung und Handprotektoren gehören sicherlich zum Standardrepertoire einer solchen Reise. Zusätzlich haben wir uns aus neuen(!) Abflussrohren eine Werkzeugrolle selber gebastelt. Für unsere jeweils zwei Reservekanister der Tschechischen Armee hat Mc Gyver uns eine patentwürdige Halterung gebaut. Außerdem haben wir unsere Sitzbänke mit Orignal Lamm- bzw. Schaffell neu bezogen. Das kostet ungefähr 10% dessen, was wir für ein professionelles Sitzbank-Pimping hätten zahlen müssen. Ansonsten haben wir noch unser Benzin- und Luftfiltersystem ausgetauscht.

Stichwort Reifen: Für eine derartige Strecke müssen Stollenreifen her, keine Frage. Die Frage war eher, ob es reinrassige Enduro-Reifen oder Mischvarianten sein sollen. In Internetforen kann man sich einen Wolf lesen, wenn es um Erfahrungsberichte geht. Dort werden die Reifen Michelin T63, Michelin Desert, Conti TKC 80, Metzeler Karoo und Co wild hin und her diskutiert. Das hört sich dann in etwa so an: „XYZ schaufelt sehr gut, hat viel Negativprofil, aber nur sehr flache Stollen, ist auch mit Montierhebeln und Felgenschonern gut von Hand wechselbar, neigt zum schlagartigen Blockieren bei Gefahrbremsungen, hat eine eckige Querschnittskontur und zeigt gutmütiges Grenzbereichsverhalten.“ Verdammt noch mal, ich will doch nur ein rundes Stück Gummi kaufen und nicht das ganze Rad neu erfinden! Timo und ich entscheiden uns beide für den Michelin T63, ein Mischreifen mit Straßenzulassung.

Stichwort Schläuche: Im Prinzip ist dieses Thema genau dasselbe in Grün. Es gibt spezielle Crossschläuche. Diese sind verstärkt und somit robuster. Einen Reifenwechsel hingegen erschweren sie und bei eventuellen Platten lassen sie sich angeblich kaum flicken, da die Vulkanisierungsmasse schlecht hält. Wir bleiben bei Standardschläuchen von Continental.

Stichwort Ersatzteile und Werkzeug: Wir decken uns ein mit Kabelbinder, Panzertape, Benzinschlauch, Kupplungszug, Schrauben, Beilagscheiben, Stromkabel, Sicherungssatz, Zündkerzen, Motoröl, Sprengringen, Lagerfett, Schraubensicherung, Ratsche, Imbus-Schlüssel, Ringschlüssel, Gabelschlüssel, Speichenschlüssel, Kerzenschlüssel, Leatherman, Hammer, Feile, Zange, Handsäge, Luftpumpe und Handreinigungscreme.

Stichwort elektronischer Schnickschnack: Mit von der Partie sind Handy, Kompaktkamera, (Helm)-Funkgeräte, Helm-Kamera, Camcorder, MP3-Player, Speicherkarten, diverse Ladekabel und unzählige Adapter, um die Technik-Toys an unseren Bordsteckdosen, normalen Steckdosen und Zigarettenanzündern laden zu können.

Stichwort Helm und Klamotten: Da wir für die gesamte Reise nicht mit Temperaturen unter 15°C zu rechnen haben, stand für uns fest, dass wir mit einem belüftungsfreundlichen Endurohelm mit Visier fahren werden. Bei den Motorradklamotten scheiden sich die Geister. Regendicht oder nicht? Voll belüftet mit Schlitzen oder Netzeinlagen? Obermaterial aus Leder oder Cordura? Hartschalen-Cross-Stiefel oder Lederboots? Timo hat eine Pharao-Sommerhose aus Cordura-Material mit Netzeinlagen zur Belüftung und einer separaten Regenkombi für eventuelle

Regentage. Ich überlege noch. Obenrum sind wir mit Brust- und Rückenpanzer sowie carbonverstärkten Handschuhen bestens ausgerüstet und die Füße werden bei Timo von Crossboots und bei mir von „Hybrid“ Daytona-Boots geschützt. Die sonstige Kleidung setzt sich zusammen aus: Sonnenbrille, Multifunktionshalstuch, Badehose, vier Unterhosen, vier Paar Socken, vier T-Shirts, vier Funktionsshirts, Windbraker, Flip Flops, lange Hose, Longsleeve, Pulli und einem Paar Sneakers.

Stichwort sonstige Ausrüstung: Wir haben uns gegen ein super leichtes und super teures High-Tech-Zelt entschieden und nehmen Timos geräumiges 3-Mann-Zelt mit. Dazu gesellt sich der typische Abenteurerkram wie Isomatte, Schlafsack, Stirnlampe, Kompass, Ohrstöpsel, Reisewaschmittel, Travelsheet, Reisekopfkissen, Reisekocher, Besteck, Mikropur-Tabletten, Vitamin-Tabletten, Magnesium-Tabletten, Energieriegel, Tütennudeln, Insektenschutzmittel, Erste-Hilfe-Set, Schmerzmittel, Medikamente gegen Übelkeit oder Erbrechen, Antibiotika, Wärmepflaster sowie Toilettenpapier.

Stichwort Dokumente: Griffbereit sind sowohl in Papierform als auch als Scan auf einem USB-Stick: Carnet de Passage, ADAC-Schutzbrief, Führerschein, internationaler Führerschein, Fahrzeugbrief, internationaler Zulassungsschein, Reisepass, Auslandskrankenversicherung und nicht zu vergessen, die Flugtickets.

Nein, ich habe noch nicht probegepackt und beim Schreiben beschleicht mich irgendwie das Gefühl, dass wir uns ganz schön stark überladen….

Staubschlucker

Donnerstag, 15.07.2010, 2 Wochen v. Abreise, Wiesbaden

Es sind nur noch zwei Wochen bis zum Abflug und ich habe am vergangenen Wochenende ganz überraschend etwas Sanderfahrung sammeln dürfen. Von Mc Gyver bekam ich die Einladung zum „Staubschluck und Motorradaufheb-Wochenende". Der Motocrossverein MC Pfungstadt stellte sein Endurogelände in der Nähe von Darmstadt zur Verfügung und für einen geringen Unkostenbeitrag durfte ich mich ca. 25 weiteren Transalp und Africa Twin Fahrern anschließen und im Dreck austoben. Afrikanische Rahmenbedingungen bekam ich dank Petrus gleich dazu: Es herrschten 38°C im Schatten. Gefühlt waren es jedoch 50°C, da es keinen Schatten gab. Die beiden „alten Hasen" Ole und Georg fingen mit ihren Erklärungen bei den Basics an und erläuterten zunächst die Grundzüge des Offroadfahrens wie z.B. Haltung und Hebeleinstellungen.

Man merke sich: Aufrechte Sitzposition, Ellenbogen sind leicht angehoben und nach außen gebeugt, fester Knieschluss, zwei Finger an der Kupplung. Danach ging es auch schon ab ins Gelände. Mal trainierten wir Einzelübungen auf Anweisung, dann tobte sich jeder, wie er wollte, auf der Strecke aus.

Es war ein geiles Gefühl, das erste Mal Sand unter den Reifen zu haben und im Stehen zu fahren. Auf dem Programm standen Slalom fahren, am Berg halten und drehen, Brems- und Kurvenmanöver und natürlich das Aufheben der Maschine ohne fremde Hilfe. Ich war völlig angefixt und wollte nicht aufhören. Das Wochenende machte einfach nur tierischen Spass und am Ende der zwei Tage beherrschte ich die meisten Übungen soweit, dass ich etwas selbstsicherer nach Afrika fahren werde.

Sandfahren ist wie Surfen, Snowboarden oder was auch immer für eine Sportart, die man erlernt. Zu Beginn ist es wahnsinnig anstrengend und frustrierend. Man wendet viel zu viel Kraft auf, weil die Technik fehlt. Das Credo heißt nun also „üben, üben, üben“. Ich habe meine Maschine an dem Wochenende fünf Mal bei geringer Geschwindigkeit im Sand auf die Seite gelegt und bin verdammt froh über diese Erfahrung. Erstens nimmt sie mir die Angst vorm Stürzen und zweitens befähigt sie mich zu einer ersten Materialanalyse: Motorschutz und Sturzbügel haben diese Mini-Belastung gut überstanden, Armaturen und Lenker haben sich immer nur verschoben, aber nie verbogen. Lediglich mein Sicherungskasten löste sich und führte zu einigen Unterbrechungen in der Elektrik (kein Bremslicht mehr, Tacho funktioniert nicht). Doch dank Mc Gyver, der natürlich an dem Wochenende auch dort war, konnte schnell Erste Hilfe geleistet werden und ich habe wieder ein bisschen technisches Verständnis dazugewonnen. Schade, dass Timo das Wochenende nicht mit dabei sein konnte. Es wäre bestimmte eine geile Einstimmung auf den Trip gewesen. Aber er hat die Tage im Rettungsdienst und in der Bar geschuftet und der Verzicht auf diese Kohle wäre einfach ein zu hoher Preis gewesen.

Ich werde nochmals in Biker-Gaderobe investieren (müssen), denn nach zwei Tagen Dauerbelastung hat in meiner Motorradhose (8 Jahre alt, keine Lüftungsschlitze) eine bakterielle Massenveranstaltung stattgefunden. Mit dem Resultat, dass die Hose schlimmer gestunken hat als Trikottaschen nach sommerlichen Fußballwochenenden. Und wenn ich mir schon vor mir selbst die Nase zuhalten muss, dann brauche ich Timo den Gestank wohl erst

Recht nicht anzutun. Meine schweineteuren „silversocks" (Touring-Socken mit Silberionen zur Geruchsvermeidung/-verminderung) hingegen haben sich goldrichtig erwiesen. Mit denen hätte ich Sonntagabend sogar noch gekuschelt. Daher werde ich auf der Reise während des Motorradfahrens komplett auf Baumwollstoffe verzichten und habe mir direkt noch schnell zwei Sätze Funktionsunterwäsche mit genannter Silberionen-Technologie bestellt. Zusammen mit einer neuen, belüfteten Motorradhose steht einer „geruchsoptimierten" Reise nichts mehr im Wege.

Nach der Erkenntnis bezüglich meiner stinkenden Kleidung musste ich eine weitere bittere Pille schlucken – im wortwörtlichen Sinne. Ich habe mit der Malariaprophylaxe durch Lariam angefangen und die Tablette schmeckt so bitter, als würde sie einem den Mund wegätzen. Die Nebenwirkungen des Medikaments können es in sich haben. Der Beipackzettel warnt vor allem vor psychischen Begleiterscheinungen wie Panikattacken, Halluzinationen bis hin zu einer erhöhten Suizidgefahr bei Depressiven. Muskelschwäche und eine hohe Empfindlichkeit gegenüber Licht und Wärme runden das Bild ab. Perfekte Bedingungen, um mit dem Bike durchs sonnige Afrika zu brettern. Aber gerade weil die Nebenwirkungen so krass sein können, nehmen wir die Medikamente bereits jetzt. Denn falls wir sie nicht vertragen, setzten wir sie wieder ab und führen dann lediglich die Akut-Medizin mit uns.

Ready to fly, aber bitte in Farbe

Donnerstag, 22.07.2010, 1 Woche vor Abreise, Wiesbaden

Ich sitze in der S-Bahn von Wiesbaden zur Arbeit nach Frankfurt. Für mich hat Bahnfahren etwas Inspirierendes. Die kollektive Anonymität um mich herum, der Wechsel vom in die Ferne schweifenden Blick zum fokussierten Hämmern in die Tasten. Ich nutze diese Zeit unheimlich gerne zum Arbeiten oder wie jetzt zum Schreiben.

Wenn ich an das letzte Wochenende denke, muss ich noch immer schmunzeln. Drei Tage war ich freiwillig im Keller eingesperrt, habe Schleifpapier verschmirgelt und unzählige Liter Grundierung, Farbe und Lack versprüht. Warum? Nun ja, mein Bike war bereits individuell in Blau lackiert und vielleicht habe ich genau deshalb das Gefühl gehabt, dass es irgendwie noch nicht „mein Bike" ist. Der Drang das Motorrad umzugestalten wurde von Tag zu Tag größer. Ob dies bereits Ausdruck einer durch Malariaprophylaxe veränderten Psyche ist?

Natürlich zählt auch das Ergebnis, aber mir ging es ebenfalls darum, es einfach mal getan zu haben. Sagen zu können: „Ja, ich habe mir mein Bike selbst lackiert". Das macht ja schließlich nicht jeder und dennoch ist es irgendwie bescheuert. Es sind nur noch wenige Tage bis zum Abflug, es gibt noch genug Dinge zu erledigen und ich lackiere mein Motorrad. Die Optik wird in Afrika leiden, das Motorrad wird in Afrika leiden, wer weiß, wie viele Teile beschädigt werden. Meine Ratio erzählt mir von rausgeschmissenem Geld und vergeudeter Zeit – jedoch hat sie nichts zu sagen, wenn die Emotionen siegen.

Die stärker werdende emotionale Bindung zu dem Motorrad habe ich ja schon einmal angesprochen und in mir festigt sich die Vorstellung, dass ich diese Maschine nicht verkaufen werde. Nie. Sie wird für Afrika umgerüstet und danach auf so vielen Trips ihre Dienste leisten müssen, bis sie auseinanderfällt. Ja, es ist meine erste Motorradtour, aber es wird nicht die letzte sein. Bei allem Verständnis meiner Freundin werde ich jedoch kaum jedes Jahr zwei Monate Auszeit nehmen können. Ein jährlicher einwöchiger Motorradurlaub mit Timo, das wäre ein Anfang. Ich gehe also davon aus, dass die Verbindung zwischen mir und meinem Motorrad gerade erst am Anfang steht und deshalb feiere ich diese Vermählung in Weiß und lackiere das Bike entsprechend jungfräulich. Dass jedoch auch bei diesem Unterfangen so ziemlich alles schiefgeht, was schiefgehen kann, will ich gar nicht verschweigen. Daher ein Auszug der letzten Tage:

Freitag: Alles verlief nach Plan, ich habe die Verkleidung vom Motorrad abgebaut und die ersten Teile angeschliffen.

Samstag: Schleifen, schleifen, schleifen, grundieren, grundieren, grundieren und die Erkenntnis, dass meine Grundierung nicht für alle Teile reichen wird. Um 15h habe ich mich auf´s Fahrrad geschwungen und versucht bei jedem Lackierer, Autozubehörlieferant, Motorradladen, Baumärkten die Grundierung der Marke „Auto K“ zu bekommen. Für die hatte ich mich nach diversen Forendiskussionen von lackier-erfahrenen Nutzern entschieden und habe mir Grundierung, Farbe und Klarlack im Internet bestellt. Dies war der Anfang des Übels. Lackieren zu wollen, ohne garantierten Nachschub zu haben, sofern man sich mit den benötigten Mengen verschätzt, ist einfach nur töricht. Es wird dringend davon abgeraten Grundierungen oder Lacke verschiedener Hersteller zu kombinieren und deshalb musste ich genau die Produkte von diesem Hersteller finden. Irgendwann, irgendwo in einem Polo-Motorradgeschäft schaute mich ein Verkäufer mit folgenden Worten an: „Schon mal probiert, den Lack bei Real zu bekommen?“. Ich: „Häh?“ Er: „Naja, bei Real gibt´s auch frische Orangen…, oder Mett…., oder Gummistiefel. Ich: „Häh?“ Er: „Vollsortimenter - die ham alles, sogar eine Autoteileabteilung“. Wer kann einer solchen Kausalkette schon widerstehen? Ich konnte es nicht und seitdem kenne ich meinen lokalen Farbendealer. Tatsächlich gibt es bei Real – und ich möchte hier keine Schleichwerbung machen, sondern lediglich meine Verwunderung zum Ausdruck bringen – von Autobatterien über Motoröle bis hin zu Lackfarben alles, was das Herz begehrt.

Also bin ich Samstag um 18h mit frischer Grundierung wieder zu Hause gewesen und habe mich in den Keller verzogen. Drei Stunden später durfte ich feststellen, dass die Grundierung trotz angeblich füllender Eigenschaften nicht ausreicht, um feine Risse im Tank abzudecken. Ich habe kurz gezögert, mich dann jedoch rauf auf´s Fahrrad geschwungen und bin die 8km erneut zu Real gefahren. Der Laden hat ja schließlich bis um 22h auf. „Spritzspachtel“ von Auto-K, das hört sich gut an. Und für den Fall, dass auch das nicht reicht, nahm ich noch richtigen Spachtel mit dazu. Schließlich will ich ja nicht jeden Tag zum Real radeln. Zuhause angekommen, hockte ich bis 2h nachts im Keller, schliff, grundierte und verzweifelte: Der Spritzspachtel hielt auch nicht, was er versprach, und den richtigen Spachtel hatte ich anscheinend mit zu viel Härter angemischt. Am Ende dieser Session war der Tank verschandelt und mir blieb nichts anderes übrig, als gestresst, genervt und müde ins Bett zu fallen.

Sonntag habe ich nach einem ausgedehnten Frühstück mit meiner Freundin wieder den mutigen Gang in den Keller gewagt. Endlich kam Farbe auf die Teile und vor lauter Freude ließ ich eines auch gleich frisch lackiert und nicht getrocknet in den Dreck fallen. Also wurde das Teil wieder abgeschliffen und neu lackiert. So macht´s richtig Spass. Sonntag kurz vor Mitternacht ereilte mich die nächste niederschmetternde Erkenntnis: Auch die Farbe wird nicht reichen.... Und im Real gab es die Farbe, die ich benötige, nicht.

Montag habe ich nach der Arbeit alle verbleibenden Lackierereien abtelefoniert, Werkstädten abgefahren und bin um 21.30h doch wieder im Real gelandet. Mein einziger Ausweg bestand darin, eine andere Farbserie vom selben Farbhersteller zu kaufen. Weiß glänzend habe ich angefangen, in „reinweiß" wurde die Lackierung fortgeführt. Am Ende sollte es egal sein, da eh glänzender Lack noch oben drauf kommt. Doch wenig später ereilte mich der Riesenschock. Mein Tank sah aus wie ein altes DDR-Relikt, wie ein beiges Porzellan-Pissoir, wie ein hornhaut-umbra-farbender Haufen Blech. Was war passiert??? Ein Blick auf den Farbcode der Dosen verrät: Der Unterschied zwischen Reinweiß und Reinweiß matt, beides Farbcode RAL 9010 liegt in unterschiedlichen Artikelnummern und der Tatsache, dass Reinweiß wie beige und Reinweiß matt wie weiß ausschaut. Artikel-Nummer 288122, ich habe dich überall gesucht. Es war 1.30h und ich gab auf.

Dienstag früh ging ich wieder ins Büro und fuhr abends mit dem Fahrrad die bekannten 8km zum Real. Ich kam mir vor, wie der Typ in „Täglich grüßt das Murmeltier". Es hätte sich bestimmt gelohnt einen Mietwagen zu nehmen, aber körperliche Züchtigung zur Strafe meiner eigenen Blödheit musste sein.

Nun denn, nach acht Litern Farbe und mindestens genauso viel Grundierung und Klarlack steht meine „White Virgin" in jungfäulichem Weiß vor mir und lächelt mich an.

Ja, mein Motorrad kann lächeln und dieses Lächeln entschädigt für die viele Arbeit.

Totales Chaos

Donnerstag, 29.07.2010, 24h vor Abreise, Wiesbaden

Letzten Samstag kam Timo zu mir nach Wiesbaden. Es ist krass, dass wir monatelang in zweitäglichem Rhythmus telefonieren und uns erst jetzt so kurz vor der Abreise sehen. Es war ein geiles Wochenende. Wir düsten wie die Verrückten durch die Wiesbadener City, probierten Helmkamera, Funkgeräte, etc. aus und schauten uns ein ums andere Mal grinsend an. Timo hat sein gesamtes Gepäck bei mir untergestellt und wir sind am Montag zur Spedition nach München gefahren. Korrekt, wir fliegen ab Frankfurt, unsere Bikes fliegen jedoch ab München. Das war unterm Strich die günstigste Lösung, obwohl das Wort „günstig" in diesem Satz so überhaupt nichts zu suchen hat. Timo ist von München aus wieder nach Hannover gereist und ich bin zurück nach Wiesbaden. Es war ein surrealer Abschied. Die Worte „Digga, wir seh´n uns in sieben Tagen im Flieger nach Afrika" klangen einfach seltsam.

In dem Moment, in dem ich diese Worte schreibe, könnte es mir nicht ferner vorkommen. Heute ist bereits Donnerstag, ein Tag vor der Abreise. Ich sitze mit Laptop am Schreibtisch, es ist kurz vor Mitternacht und in wenigen Stunden wird mein Wecker klingeln. Ja, alle haben Recht gehabt. Ich hätte mir ein paar Tage vor der Abreise freinehmen sollen. Oder ich hätte die ersten Urlaubstage zum Planen und Packen verwenden sollen und den Abflug ein paar Tage nach hinten schieben sollen. Ich bin körperlich im Arsch. Vor drei Stunden bin ich erst aus dem Büro gekommen. Ich habe meine Sachen noch nicht gepackt und meine GPS-Daten erst zur Hälfte auf´s Navi überspielt. Die letzten Nächte habe ich vor lauter Anspannung und Nervosität kaum geschlafen. Mir rennt die Zeit durch die Finger. Ich bin ausgebrannt und phlegmatisch. Mein Tatendrang gleicht dem eines Faultiers. Von Vorfreude ist weit und breit keine Spur. Zu allem Unglück ist der morgige Flieger auch noch völlig ausgebucht. Genauer gesagt ist das Flugzeug überbucht und Timo und ich haben nun Mal nur „Standby Tickets für Mitarbeiter". Wir kommen nur mit, wenn noch Plätze frei sind. Alternativen, um nach Mombasa zu kommen, wären entweder die Frachtmaschine nach Nairobi über Zürich am Samstag oder der nächste Condor-Flug nach Mombasa am Sonntag. Ist doch alles scheiße…

On air

Freitag, 30.07.2010, Tag der Abreise, Condor-Flug DE5264

Wir sind „Off-blocks“. Das ist der luftverkehrsspezifische Begriff für das Loslösen der Bremsklötze am Flugzeug und das Verlassen der Parkposition. Ja, wir rollen. Es ist 23.55h, wir rollen endlich.

Welch ein Tag, welch ein Stress. Heute Morgen saß ich um 7h am Frühstückstisch und wollte nebenbei das restliche GPS-Datenmaterial auf das Navi spielen. Nachdem Anfang der Woche alles diesbezüglich geklappt hatte, war eigentlich nur Routine zu erwarten. Eigentlich. Während die Hintergrundkarten problemlos übertragen wurden, konnte das Navi den Versuch immer neue und zusätzliche Wegpunkte (GPS-Koordinaten für Tankstellen, Campingplätze, etc.) zu übertragen, nicht umsetzen. Neue Punkte überschrieben die Alten. Das Ablegen auf einer zusätzlichen Speicherkarte funktionierte nicht und der interne Speicher konnte lediglich 500 anstelle der benötigten 10.000 Wegpunkte verarbeiten. Ich habe geflucht, gehofft, gebetet und in Internetforen um Hilfe gebeten. Als ich um 15h immer noch ohne Lösung verzweifelt am Tisch saß, musste ich abbrechen. Die Daten-CD´s sind ins Gepäck gewandert und eben dieses musste ich packen, bevor es um 18h in Richtung Flughafen ging. Die Tatsache, dass ich mein Gepäck nicht ein einziges Mal probehalber gepackt hatte, war zusätzlich herausfordernd. Wie auch gestern schon festgestellt, kann ich mich nur wiederholen: Ich habe mich für diese letzte Woche vollkommen übernommen.

Leidtragende dieser ganzen Situation war jedoch vor allem Anke. Meine Freundin hatte sich gestern und heute freigenommen und hoffte auf ein paar schöne gemeinsame Stunden vor meiner Abreise. Ich hingegen hetzte wie ein gejagtes Tier von einer Ecke der Wohnung in die andere.

Neben ihr in der Bahn zum Flughafen merkte ich, dass ich gar nicht weg wollte. Nicht heute. Ich spürte einfach nur Anspannung und Stress. Kein Platz für Vorfreude, kein Platz für Vermissen, kein Platz für Emotionen. Als ich am Airport auf Timo treffe, ist seine Stimmung ähnlich im Keller. Nachdem er über Nacht von Montag auf Dienstag aus München zurück nach Hannover gefahren ist, stand Mittwoch der Umzug mit seiner zukünftigen Frau an und die beiden hatten ebenfalls keine ruhige Minute zusammen.

So standen Timo und ich, nachdem Anke sich von uns verabschiedet hatte, mit all unserem Gepäck und bedröppelten Gesichtern in der Abflughalle des Flughafens. Von Euphorie nichts zu spüren, schlenderten wir auf das nächste Hindernis zu, den Condor Check-In Schalter. Je 30kg Gepäck ist das maximal erlaubte Gewicht für die Comfort-Class. Insgesamt 90kg plus Handgepäck ist das Gewicht dessen, was wir als unser Gepäck auf die Wage legten. Nein, überraschend ist dies nicht. Die Wahl im Vorfeld war eindeutig: Freiwillig Übergepäck-Voucher im Wert von 300€ kaufen oder das Prinzip „Charme & Hoffnung“ anwenden. Doch die Dame am Schalter ließ mich trotz Kollegen-Status eiskalt abblitzen. Wir packten vor ihren wachsamen Augen und den Blicken der neugierig umherstehenden Passagiere unsere Koffer um. Letztendlich verlagerten wir das Problem einfach nur. Hierzu packten wir so um, dass wir je einen der schweren Seitenkoffer theoretisch mit an Board nehmen durften.

Wir schafften es, dass aufzugebende Gepäck auf 74kg zu reduzieren und durften passieren. An der Sicherheitskontrolle wurde unser „Handgepäck" durchleuchtet und wir sahen uns Minuten später dem Supervisor gegenüber. Fragen prasselten auf uns ein: „Was wollen wir mit Luftfilter, Spanngurten und Zündkerzenschlüssel an Bord eines Flugzeuges?". Ablenkungstaktik war gefordert. Wir ignorierten die durchaus konkreten Fragen und berichteten einfach ganz allgemein von unserer bevorstehenden Reise. Was soll schon unser Grund sein. Wir haben versucht einer Übergepäck-Zahlung am Check-In Schalter zu entkommen. Der Supervisor, selbst passionierter Motorradfahrer, ließ uns passieren und eine weitere Stunde später erhielten wir nach all der Unsicherheit endlich unsere Bordkarten.

Comfort Class Reihe 1, zwei Plätze nebeneinander. In voller Motorrad-Montur mit Stiefeln, Hose, Protektorenjacke, Rucksack, Helm unterm Arm und Motorradkoffer im Schlepptau betreten wir das Flugzeug und sehen aus wie Teilnehmer einer Mottoshow zu „Auffallen um jeden Preis". Auch die Crew an Bord ist bezüglich unseres Gepäcks „not amused" und da wir in Reihe 1 sitzend kein Gepäck unter dem Vordersitz verstauen können, müssen wir nochmals mit einem Pärchen aus der vierten Reihe tauschen.

Dann ist es geschafft. Lehne zurück, Blick gen Fenster. Der Frankfurter Nachthimmel zieht an uns vorbei und wir beide widmen uns, den Begrüßungssekt schlürfend, einer Speisekarte, die wohl das Dekadenteste ist, was uns in den nächsten zwei Monaten begegnen wird. Vorspeise: Bunte sommerliche Blattsalate mit Granatapfelkernen und Papayastreifen und hellem Balsamico – Dressing. Hauptgericht: Auf der Haut gebratenes Zanderfilet an Safran Sauce mit Zuckererbsen und Limonenrisotto. Nachtisch: Erdbeer Mousse an Rhabarberkompott und geschlagener Sahne. Danach zum Wein: Ziegenfrischkäse mit Rucolapesto, schwarzen Oliven und Thymian, dazu geröstetes Ciabatta. Und zu Trinken: Wein und Gin und Wein und Gin und Wain und Jin und Weihn und Gjinn und ….

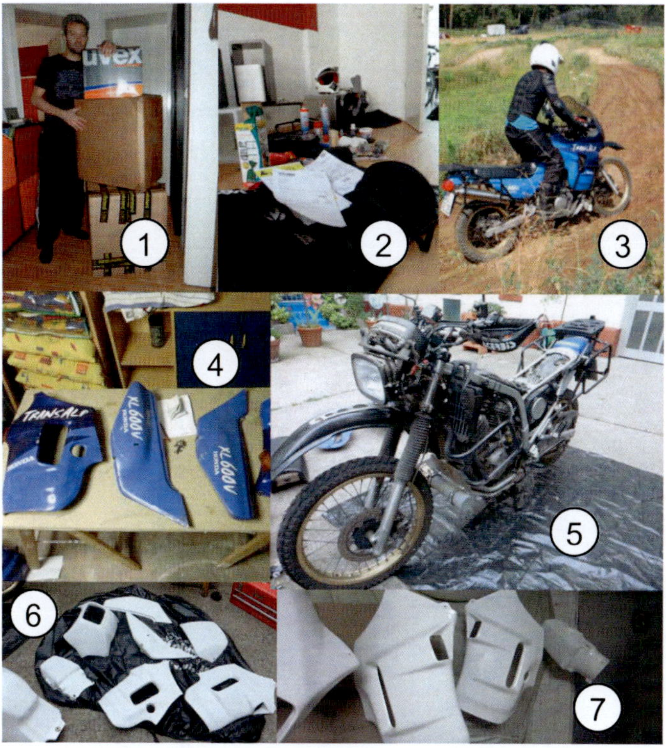

1,2: Flur-Pakete & Wohnzimmer-Werkstatt
3: Schwitzen beim Crosstraining
4-7: Von Blau über Nackt nach Weiß
8,9: Timo bepackt und beide Bikes ready

Mutter Teresa

Sonntag, 01.08.2010, Tag 02, Mombasa, Kenia

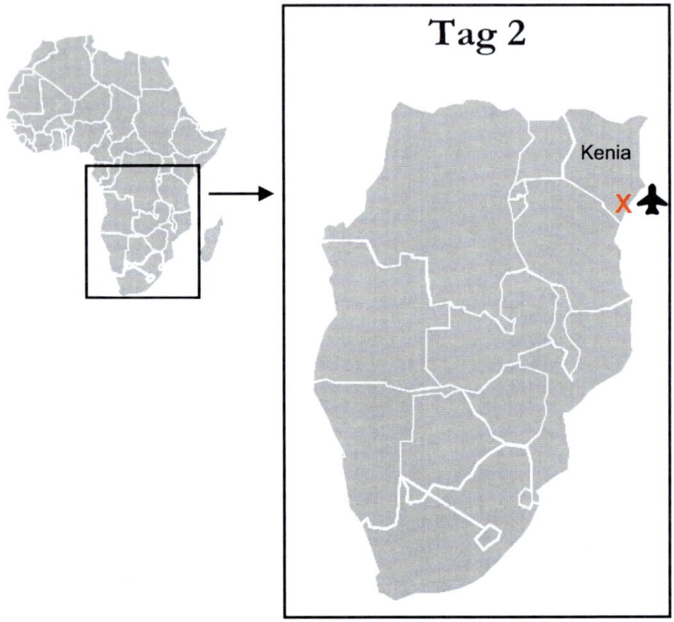

Jambo Afrika, hallo Afrika! Es ist Sonntag, der 01.08.2010, Tag 2 auf dem afrikanischen Kontinent. Ich sitze mit sicherem Dach über dem Kopf in einem Hotelzimmer am Stadtrand. Mein Brustkorb hebt und senkt sich bei jedem meiner entspannten Atemzüge. So langsam fällt der Stress von mir bzw. von uns ab. Wir sind angekommen.

Ausgeschlafen und gut gefrühstückt sind Timo und ich gestern früh aus der Condor Comfort Class gestolpert und standen am Momabsa International Airport in Kenia. Da unsere Bikes erst 24 Stunden später aus München ankommen sollten, suchten wir die nächste Airportbar unter freiem Himmel auf, um genau in diesen hineinzustarren. Soso, wir zwei sind in Afrika. Das Thermometer zeigte 25°C. Ein laues Lüftchen wehte, time for a beer. Während wir uns in die aufgestellten Plastikstühle fallen lassen wollen, zog eine telefonierende Afrikanerin ebenfalls den Stuhl, nach dem ich greife, zu sich heran. Erst dann wurden wir von ihr bemerkt. In dem Moment, in dem wir den Platz räumen wollten, sprach sie uns in lupenreinem Englisch an: „Setzt Euch zu mir an den Tisch, wo kommt ihr gerade her? Seid ihr mit der Maschine aus Frankfurt gelandet?".

Miriam, 38 Jahre, kennt sich aus. Sie arbeitet am Flughafen als Kassiererin in einem Duty-Free-Shop und wird durch diese zufällige Begegnung zu unserer „Mutter Teresa" der ersten beiden Tage. Wir verbrachten zwei Stunden lachend und quatschend mit ihr. Sie erzählte von ihren beiden Söhnen und ihrem Mann, der in Uganda arbeitet und den sie nur ein bis zwei Mal im Monat sieht. Wir berichteten von unseren Reiseplänen und der Idee, die nächsten 24 Stunden am Airport zu verbringen, um am folgenden Tage unsere Maschinen in Empfang zu nehmen. Daraufhin bekamen wir, als wäre es eine Selbstverständlichkeit jeden Ankommenden persönlich in die kenianischen Gepflogenheiten einzuweisen, einen gesellschaftlichen Crashkurs: Was kostet ein Taxi? Wie viel bezahlt man für Unterkünfte? Was sind typische Touristenpreise und wie verhandelt man „fair"? Wie sagt man „Hallo" (Jambo), „Danke" (Asante) und „Tschüß" (kwa heri) in der Landessprache Kisuaheli. Nebenbei telefonierte Miriam mit dem Import-Supervisor, einem befreundeten Taxifahrer, den Zollbeamten und Momente später hatten wir ein sicheres, günstiges Dach über unseren verwirrten

Köpfen, ein Taxi zurück zum Flughafen am nächten Tag und eine lokale Sim-Karte in unserem Handy.

Völlig baff über diese Freundlichkeit und mit unseren Gedanken scheinbar nicht bei Sinnen, traten wir auch gleich in ein riesengroßes Fettnäpfchen. Unser Versprechen an die Daheimgebliebenen, wir würden stets vorsichtig und umsichtig sein, warfen wir unbewusst über Bord, als wir genüsslich Zigarette rauchend unter einem Schild mit folgender Aufschrift saßen: „Rauchen in diesem Bereich wird mit sechs Monaten Gefängnis oder 800 USD Strafe geahndet!“ Ups!

Dieses Geld mussten wir glücklicherweise nicht zahlen, aber eine ähnlich teuere Angelegenheit war das Abholen unserer Bikes heute früh. Wir wurden zwar von unserer Spedition vorgewarnt, dass in Mombasa evtl. zusätzliche Handling-Gebühren anfallen könnten, deren Höhe von 310 USD war für uns beide jedoch ein Schock. Während dieser noch nicht ganz verdaut war, schlug auch schon der nächste auf den Magen. Dem Zollbeamten fiel auf, dass an meinem Motorrad keine Fahrzeugnummer in den Rahmen gestanzt ist. Dies bedeutet, dass die Maschine nicht mit den Zolldokumenten abgleichbar ist. Ich könnte ja schließlich versuchen, ein x-beliebiges Motorrad zu importieren. Naja, wenigstens ist die Motornummer vorhanden, so dass ich nicht völlig unglaubwürdig wirkte. Warum die Nummer fehlt, warum mir das zuhause nicht aufgefallen ist und warum ich den entsprechenden Hinweis in den Zolldokumenten überlesen habe, weiß ich nicht. Dort steht nämlich explizit, dass diese Nummern beim Beantragen der Zolldokumente NICHT aus dem Fahrzeugschein, sondern vom Motorradrahmen abzulesen sind. Nach einer von Erklärungsversuchen geprägten

Diskussion und im Beisein von Miriam bekamen wir letztendlich beide Bikes ausgehändigt.

Bei noch mindestens sieben bevorstehenden Ländergrenzen bis Kapstadt können wir nicht das Risiko eingehen, so weiterzufahren. Schließlich ist davon auszugehen, dass man uns an jeder Grenze mit der nicht vorhandenen Fahrgestellnummer konfrontieren wird.

Wir verabschiedeten uns also von Miriam, drückten ihr noch 20 USD für ihre beiden Kinder in die Hand und klapperten Sonntag nachmittags die Straßen Mombasas auf der Suche nach Mechanikern ab. Welch ein Wechselbad der Wahrnehmungen. Während wir uns gestern als Fußgänger noch unbehaglich angestarrt gefühlt hatten, gerieten wir heute in Menschentrauben hilfsbereiter Kenianer. Alle wollten wissen, wo wir herkommen, was wir machen, warum wir auf Motorrädern unterwegs sind und was es mit dem Ziel Kappstadt auf sich hat. Wir erzählten ausgiebig und fühlten uns trotz der Enge nicht unwohl. Die Herbeigeeilten klopften ungläubig unsere Brust- und Rückenpanzer ab, starrten mit offenem Mund auf einen Tacho, der eine Höchstgeschwindigkeit von 200km/h suggeriert und fragten uns Löcher in den Bauch. Wir erzählen technische Leistungsdaten hoch und runter. Wie viel PS, wie viel Hubraum, wie viele Zylinder. Als sie von unserem Problem mit der Fahrgestellnummer erfuhren, telefonierten sie ihre Cousins, Nachbarn und Freunde für uns ab.

Doch am Sonntag legte nicht nur der Schöpfer eine Pause ein, auch die Werkstätten in Mombasa waren nicht zu mobilisieren. Am aussichtsreichsten erschien Mohamed von „German Autoparts“. Bei diesem Namen darf doch auch etwas Lokalpatriotismus durchscheinen und so verabredeten wir uns mit ihm für den kommenden, morgigen Tag.

Damit war unser Schicksal also besiegelt. Wir werden die heutige Nacht nochmals im Mombasa Cage Inn Hotel verbringen und nutzen den restlichen Tag für Erkundungstouren. Trotz aller Probleme mit den Navigationsdaten lässt sich mit dem überspielten Material bestens navigieren und wir haben in Mitten des hupenden Linksverkehrs auf holprigen Straßen das Gefühl, als wären wir nie anders unterwegs gewesen. Bis zum Abend machen wir noch drei lustige Bekanntschaften: An einer Tankstelle bietet die Besitzerin sowohl Timo als auch mir ihre attraktive 18-jährige Tochter zur Frau an. Lachend verweist Timo auf seine anstehende Hochzeit und auch ich lehne mit der Begründung ab, dass ich die tollste Frau auf Erden bereits gefunden habe. Ok, unser Marktwert ist getestet. Grinsend über beide Ohren tuckern wir weiter durch das Verkehrschaos. Am nahe gelegenen Fort Jesus gesellt sich eine aus Nairobi stammende Gruppe zur ausgiebigen Foto-Session zu uns und beim Abendessen will mir ein Barbesitzer mein Bike für 1.200 USD abkaufen.

Welch ein Start in Afrika. Zwei Tage sind vorbei und ich weiß, dass wir das Richtige tun. Eine Erkenntnis, die sich verdammt gut anfühlt! Wenn wir es morgen noch schaffen, die Fahrgestellnummer in mein Bike stanzen zu lassen, bin ich rundherum zufrieden. Dann steht unserer Fahrt gen Süden nichts mehr im Wege.

1 Prozent, 1 Sturz, 1 Türklinke und 1 Dauerregen

Mittwoch, 04.08.2010, Tag 05, Bagamoyo, Tansania

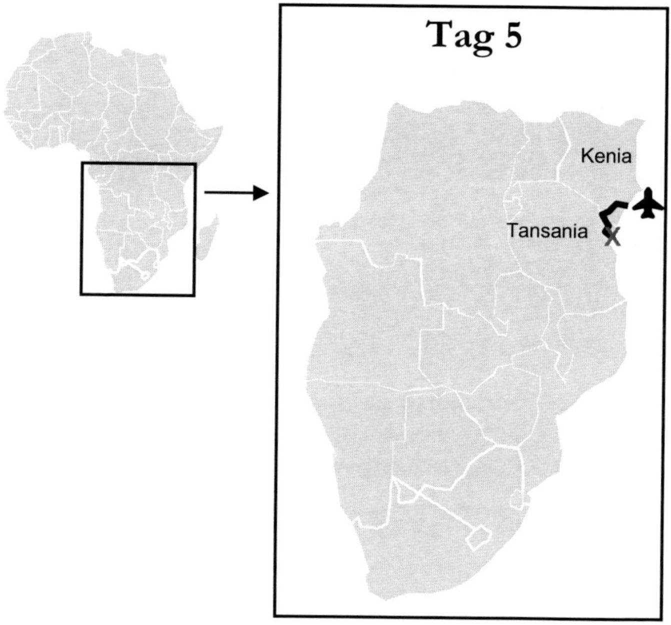

Während ich anfange zu schreiben, schmecke ich Salz auf meinen Lippen, Wassertropfen laufen mir aus den nassen Haaren, feine Sandkörner kitzeln an den Füßen und die Sonne scheint mir mit angenehmen 27°C auf den Körper. Timo und ich waren gerade im indischen Ozean schwimmen. 40km nördlich von Dar Es Salaam sind wir heute Nachmittag auf einem Campingplatz direkt am Strand gelandet. Doch der Weg von Mombasa aus hierher war steinig. Sowohl im wörtlichen als auch im übertragenen Sinn. 500km sind wir in den vergangenen zweieinhalb Tagen gefahren und haben dabei viel erlebt: Der erste innerafrikanische Grenzübertritt, die ersten Schotterpisten und Feldwege, die ersten zehn Stunden Dauerregen, die ersten Stürze, die ersten Materialverformungen. Doch der Reihe nach:

Am Montagmorgen in Mombasa konnten wir meine Fahrgestellnummer ins Blech stanzen lassen. Erfolgreich habe ich den Straßenmechaniker auf ein Prozent seines ursprünglichen Angebotes runtergehandelt. Es war eine lustige Szene, über die ich selbst jetzt beim Schreiben mit dem Kopf schütteln muss. Umringt von mehreren Dutzend Kenianern sah ich mich mit dem Preisvorschlag eines grauhaarigen, sechzigjährigen Mechanikers konfrontiert. 50.000 kenianische Schilling wollte der gute Herr von mir haben – dies entspricht in etwa 600 USD.

Rationales Verhandeln ist in einer solchen Situation unmöglich, dies lehrten mich bereits meine Reisen nach Indien. Dort hatte es sich immer bewährt gar nicht auf das Angebot des anderen einzugehen, sondern ein vorbereitetes Portemonnaie mit kleinen Summen als das „restliche zur Verfügung stehenden Geld“ vorzuzeigen. Genauso machte ich es jetzt. Als Antwort auf die geforderten 50.000 Schilling zog ich ein Portemonnaie mit 1.000 Schilling heraus und verwies darauf, dass dieses Geld für die Reparatur, sowie Essen und Trinken bis zur tansanischen Grenze reichen müsste. Mein Gegenvorschlag lautete also 500 Schilling (~ 6 USD), 50% meines „restlichen Geldes“. Der Mechaniker schaute mich ungläubig aus seinen zugekniffenen Augen an. Eine Sekunde, zwei Sekunden, drei Sekunden vergingen. Dann ergriff ich wieder das Wort und pokerte weiter. Ich sei nicht zum Verhandeln bereit. Entweder er würde die Tätigkeit für die angebotenen 500 Schilling durchführen, oder ich würde mich umgehend auf den Weg nach Tansania machen und den Grenzübertritt eben ohne die eingestanzte Fahrgestellnummer riskieren. Anscheinend sah der Mechaniker seine so sicher geglaubten Felle wieder davonschwimmen, denn er überlegte nicht lange, sondern schlug ein. Ein Handschlag, den Timo sichtlich vergnügt aus einiger Entfernung filmte. Zehn Minuten später war die Arbeit erledigt und mit den gezahlten 6 USD konnten sicherlich beide Seiten zufrieden sein. Hupend und winkend verließen wir die lachende Menschentraube und konnten endlich die Reise beginnen.

Unser Weg führte über eine asphaltierte Hauptstraße, eingerahmt von grünen Bäumen, soweit das Auge reichte. Fahrtwind im Gesicht, Endorphine im Blut, Timo nebendran. Bis zur Landesgrenze glich die Fahrt dem Cruisen auf deutschen Landstraßen. Natürlich klaffte hier und dort ein Schlagloch, jedoch nie derart, dass es uns irgendwie herausforderte. Der Grenzübertritt selbst war, wie zu erwarten, recht bürokratisch:

Checkpoint 1:
Ausreise Kenia, Abstemplen des Visums

Checkpoint 2:
Export Motorrad, Abstempeln der Zolldokumente

Checkpoint 3:
Erfassung aller Daten bei der Polizei.

Checkpoint 4-6:
Dieselben Prozesse in umgekehrter Reihenfolge auf tansanischer Seite.

Zusammen hat alles ca. 90 Minuten gedauert und auffällig war vor allem, wie freundlich man uns behandelt hat.

Kaum dass wir auf Kisuaheli grüßten, schlug uns eine Woge des Lachens entgegen. Natürlich sind wir eine Attraktion und haben das Gefühl, dass die Grenzbeamten uns vor allem aus Neugierde das Gepäck abladen und erläutern lassen. „Wahnsinn, ihr könnt während der Fahrt miteinander sprechen?". „Dieses Satelliten-Ding zeigt Euch genau die Straße, auf der ihr seid?". „Das Foto-Teil am Helm nimmt Videos auf?" Fragen über Fragen prasselten mal wieder auf uns ein. Sicherlich haben die Beamten schon vor uns GPS-Systeme, Funkgeräte und Videokameras gesehen. Die Tatsache, dass alles wasserdicht an zwei Motorrädern verkabelt ist, verwundert sie aber anscheinend gänzlich.

Wir fühlten uns nicht im geringsten unwohl, brachten dem letzten Checkpoint noch das Wort „tschüß" bei und entschwanden über 60km Schotter, Steine und Geröll nach Tanga.

Nach anfänglicher Nervosität und Vorsicht fuhren wir die letzten 20km mit Tempo 50-60 und genossen das Gefühl purer Freiheit. Rückspiegelbilder füllten sich mit aufgewirbeltem Staub und Adrenalin schoss bis in die Haarspitzen. Um die Wette grinsend erreichten wir Tanga auf der Suche nach einer Schlafgelegenheit. Während ich mich mit dem Gedanken an ein Guesthouse für zehn Dollar anfreundete, witzelte Timo: „Ich schlafe nicht in Tanga, sondern in Boxershorts und habe auch mehr Bock auf Camping."

Von einem „Tuktuk"-Fahrer bekamen wir sofort die notwendigen Infos. Ein Campingplatz direkt am Wasser befände sich 30km südlich von Tanga. Wir hatten noch eine Stunde bis zur Dunkelheit und auch mich packte das Abenteuer-Fieber. Auf geht's nach Peponi.

Zwei Straßencowboys ritten durch die Prärie der untergehenden Sonne, wurden innerhalb von Sekundenbruchteilen aus dem Sattel gerissen und auf den staubigen Boden der Tatsachen zurückgeholt. Meine Gedanken waren irgendwo im Nirgendwo, aber nicht auf den Untergrund fixiert. Der Boden unter meinen Reifen wurde gröber, aber ich hatte mein Fahrverhalten nicht angepasst. Nach einer kleinen Kurve passierte, was passieren musste. Mein Vorderrad rutschte die Schrägseite der Straße hinab. Viel zu hektisch riss ich am Lenker und versuchte irgendwie wieder in die Straßenmitte zu kommen. Die Maschine schlingerte widerlich, inzwischen stand ich im Sattel. Fünfzig Meter vor mir stapelte sich ein Haufen Steine am Straßenrand. Ein Blick auf meinen Tacho verriet mir die Geschwindigkeit von 45 km/h. Ich bremste zu stark, fast schon panisch. Mein Hinterrad tauchte rechts neben mir auf und ich wurde endgültig vom Bike gerissen. Ich landete auf der Seite, schlidderte die Straße entlang und blickte mich um. Ich sah Timo erst schlingern und dann ebenfalls stürzen. Keine fünf Meter voneinander entfernt lagen wir bedröppelt im Dreck.

Ein Blick in die Augen des Anderen, Daumen zeigen nach oben und signalisieren: „Mir geht's gut, mir auch". Aufstehen, Körper abtasten. Alles dran, alles heile. Timo hatte leichte Schürfwunden an der Hüfte, mir tat mein Knie weh. Und die Bikes? Mein Alu-Seitenkoffer wurde aus der Halterung gerissen und lag völlig verbogen ein paar Meter weiter. Der Sturzbügel hatte sich verzogen, ist aus einer Halterung gerissen und hat die ohnehin nicht zu 100% passende Frontverkleidung weiter strapaziert. Timos Front ist durch den Aufprall großflächig zerschrammt und sein Stahlträger für die Seitenkoffer ist äußerst nahe an den Auspuff gebogen. Was für eine Scheiße! Timo macht sich Vorwürfe, dass er so spät noch aus Tanga rauswollte, ich machte mir Vorwürfe zu leichtsinnig gefahren zu sein.

Beide saßen wir am Straßenrand und beruhigten unsere Nerven mit Nikotin. Jammern half ja nichts. Die Sonne senkte sich unermüdlich weiter und verdunkelte die Umgebung. Provisorisch befestigten wir meinen Koffer und fuhren schweigend, von Demut erfüllt, die letzten 12km bis nach Peponi.

Gemeinsam mit den allerletzten Sonnenstrahlen erreichten wir den wunderschönen Campingplatz direkt am Wasser und spulten das Abendprogramm herunter: Taschenlampe anknipsen, Zelt im Dunkeln aufbauen, duschen, kochen, essen, Bier trinken, Tag analysieren und erschöpft einschlafen.

Am nächsten Morgen, also gestern, wurden wir von lautem Meeresrauschen geweckt, frühstückten gut und ausgiebig und wägten die weitere Tagesplanung ab. Zur Auswahl standen eine Rückkehr nach Tanga in Verbindung mit einem Ruhetag oder 350km Weiterfahrt gen Dar Es Salaam. Tanga ist für uns ein Vorbote des Unglücks und so entschieden wir uns um 11.30h trotz einsetzenden Regens zu einer Fahrt gen Süden. Die ersten 40km waren Schotterpiste. Leider hatte der Regen den Schotter jedoch in glitschigen Matsch verwandelt. Wir benötigten 90 Minuten und jeder von uns fiel mit dem Bike bei Schrittgeschwindigkeit und wegrutschendem Vorderrad in den Dreck. Immerhin schafften wir es jeweils ohne die Hilfe des Anderen, die vollbepackte Maschine hochzustemmen. Die richtige Technik macht´s. Ole vom Endurotraining haben wir es zu verdanken, dass wir sie beherrschen. Die nächsten 200km konnten wir zwar auf einer asphaltierten Straße zurücklegen, doch der Regen ließ uns keine Sekunde in Ruh. Trotz Regenkombi wurden wir durchnässt bis auf die Haut. Mir war mit meiner dünnen Fleece-Schicht wenigstens einigermaßen warm, während Timo bitterlich fror.

Bei einem Tankstopp fragten wir nach der Wettervorhersage für die nächsten Tage. Etwas irritiert schaute der Tankwart uns an und entgegnete kurz: „Trocken. Es regnet im August hier nicht." Jetzt waren wir irritiert und fragten ihn aus unserem triefenden Helm, wie er das meinte, schließlich sei der heutige Regen nicht zu übersehen. Daraufhin winkte er ab und rief uns im Gehen zu: „Aber diesen Regen kenne ich nicht, den gibt es hier sonst nicht und der hat auch keinen Namen…"

Naja, die Tatsache, dass der Regen keinen Namen hat, änderte nichts an der Tatsache, dass er wie jeder andere Regen ziemlich nass und ekelig war. Was soll´s. Wir hakten nicht weiter nach, sondern machten uns auf den Weg nach „Dar". Um 15 Uhr wandelte sich Befürchtung in Gewissheit: Wir werden es vor Einbruch der Dunkelheit nicht mehr bis zu unserem Ziel schaffen.

Aufgrund dessen, dass uns jeder vor dem Fahren im Dunkeln gewarnt hatte, änderten wir also das Ziel und steuern Msata, ein kleines Dorf an der Hauptstraße 60km vor Dar, an. Wir hielten und fragten uns durch, bis man uns zwei Zimmer in einem Guesthouse anbot. Doch der Name täuscht, es handelte sich um zwei Räume im Hinterhaus einer tansanischen Familie. Nein, wir fühlten uns nicht wohl. Es war unbehaglich, dreckig und laut. Der Tag war anstrengend und ich war müde. Einschlafen war bei der Geräuschkulisse fast unmöglich. Autos hupten, Ratten fiepten, Menschen stritten. Egal, es war ja nur für eine Nacht. Also Augen zu und durch.

Meine Angespanntheit wurde jedoch weiter strapaziert. Während ich auf dem Bett lag und Notizen in mein Buch schrieb, hörte ich Schritte, die nach meinem Empfinden direkt vor meiner Tür verstummten. Es brannte Licht in meinem Zimmer und dies war von außen durch das Fenster über der Tür deutlich zu sehen. Warum also sollte jemand vor meiner Tür stehen bleiben. Sicherlich spielten mir meine Sinne einen Streich. Dennoch starrte ich wie gebannt auf die morsche Holztür. Dann rutschte mir das Herz in die Hose. Die Klinke wurde langsam nach unten bewegt und die Tür in Richtung Zimmer gedrückt. Dann ein Knarren, ein Widerstand. Ich hatte die Tür zuvor abgeschlossen. Die Klinke schnellte nach oben zurück und hastige Schritte entfernten sich im Laufschritt. Mein Herz raste. Was um Himmels Willen war das? Der Vorfall wollte nicht aus meinen Gedanken verschwinden, ich konnte nicht einschlafen und lag noch lange wach.

Geweckt wurde ich heute früh um 5h, als eine Gemeinde voller Islamgläubiger ihren Gebetsgesang gen Himmel schrie. Gefühlt war ich mittendrin. Es war eine derart nervige Geräuschkulisse, dass an Weiterschlafen nicht zu denken war. Timo erzählte mir beim Sachenpacken, dass er den „Muezzin-Sound“ auf Kamera aufgenommen hatte. Bei unserer Abfahrt fiel uns freudig auf, dass der namenlose Regen sich verabschiedet hatte. Juhu! Wir hatten tierisch Lust auf Entspannung und beschlossen nochmals vor Dar Es Salaam abzubiegen und den Weg nach Bagamoyo, der ehemaligen Hauptstadt Deusch-Ost-Afrikas, einzuschlagen.

Fahren ohne Zeitdruck. Gut ausgebaute Schotterpisten zogen unter unseren Rädern vorbei und wir hielten immer wieder an, um zu filmen oder zu fotografieren. Wir durchquerten Dörfer, in denen sich Lehmhütte an Lehmhütte reihte. Wo immer wir entlangfuhren, kamen Kinder angerannt und winkten. Auch die Erwachsenen grüßten uns freundlich und bald war es für uns eine angenehme Selbstverständlichkeit, dass wir jedem, der uns entgegen kam, ebenfalls zuwinkten. Es ist ein angenehmes Ritual, denn es nimmt uns das Gefühl, ein Eindringling zu sein. Wir fühlen uns eher wie willkommene Besucher.

Unvergessen ist der Moment, als ein junger Mann in meinem Alter mit Lendenschutz und Speer die Straße überquerte. Ich fühlte mich Jahrhunderte zurückversetzt und sah beim Umdrehen noch, dass der Mann mit der anderen Hand ein Handy am Ohr hielt. Kann es etwas Skurrileres geben?

Als wir die Ortseinfahrt von Bagamoyo passierten, hielten wir an der nächsten Bank, um Geld zu wechseln und trafen auf Gerhard. Gerhard ist ein äußerst hilfsbereiter Deutscher, der mit seiner 14-jährigen Tochter vor Jahren ausgewandert ist und sich in Tansania mit einer Hühnerfarm selbstständig gemacht hat. Von ihm bekamen wir den Tipp im Ressort „Travellers Lodge“ nach Campingmöglichkeiten zu fragen.

Genau hier sind wir nun, zahlen unglaublich teure 12 USD pro Person für´s Zelten in einer gepflegten Touri-Anlage am Indischen Ozean und wissen nicht, wie lange wir hier bleiben werden. Zunächst ist runterkommen angesagt. It´s time to chill…

SMS aus Afrika

Samstag, 07.08.2010, Tag 08, Dar Es Salaam, Tansania

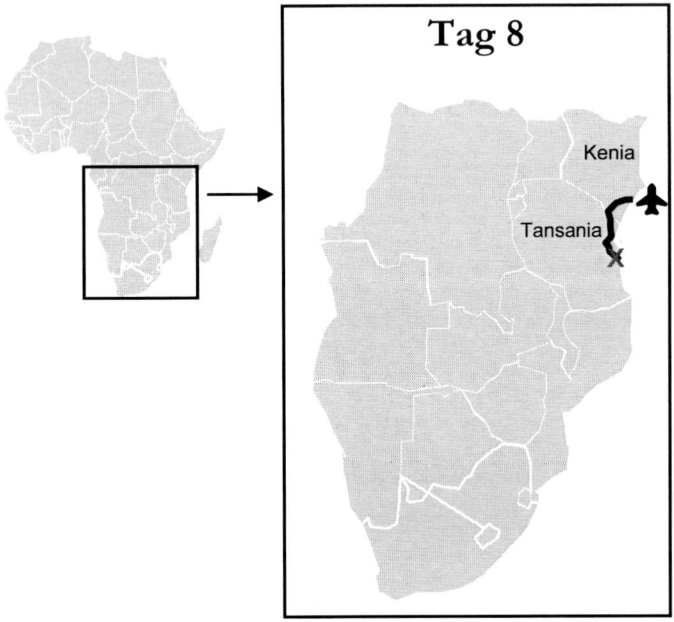

Inzwischen sind wir die Küste weitere 70km gen Süden gefahren. Das ist zwar nicht viel für drei Tage, aber die zwischenzeitliche Entspannung war genau richtig.

In der Travellers Lodge in Bagamoyo hat es uns so gut gefallen, dass wir trotz der hohen Preise und des immer wieder mal einsetzenden Regens drei Nächte geblieben sind. Wir schmiedeten Pläne für die Weiterreise und freuten uns über die funktionierende Kommunikation zu unseren Liebsten nach Hause. Unsere Prepaid-Karte aus Kenia funktionierte wie versprochen auch in Tansania und die zum Aufladen notwendigen Prepaid-Punkte bekommt man bei jedem x-beliebigem Straßenhändler. Auch die Netzabdeckung ist ein Traum, bis jetzt haben wir jeden Tag Empfang. Internetcafes hingegen sind absolute Mangelware oder, wie in Bagamoyo erlebt, ständig ohne Verbindung.

Mein Onkel Stefan hat uns gestern völlig überraschend angeboten, dass er unsere Status-SMS an Freunde und Familie auch in einem Blog sammeln könnte. Dann bräuchten wir nur 1x versenden und gleichzeitig können noch weitere Interessierte auf die Seite zugreifen. Timo und ich sind sofort super angetan von der Idee und damit Stefan die Inhalte nicht auf seiner eigenen privaten Homepage verlinken muss, diskutierten wir sogleich über einen eigenen Domainnamen nach. So etwas wie „www.mit-dem-motorrad-durch-afrika.de" ist viel zu lang, „www.zwei-typen-on-bikes.de" ist irgendwie nicht knackig, „www.von-kenia-nach-kapstadt.de" wäre zwar deskriptiv richtig, aber nur minder originell. Wir grübelten und grübelten und irgendwann fiel mir „www.sms-aus-afrika.de" ein. Schließlich soll der Blog ja genau dies tun, er soll unsere SMS aus Afrika zur Verfügung stellen. Der Domain-Name gefiel auch Timo und so blieben wir dabei. Dank des örtlichen Uni-Professors kam ich ins Internet, kaufte die Domain und Stefan hat sie eingerichtet. Dies ist die Geburtsstunde eines neuen Mini-Projekts, Timo und ich werden abwechselnd zu jedem Tag dieser Reise eine SMS für den Blog verfassen.

Nach der Bekanntschaft mit dem hilfsbereiten Uni-Professor hatten wir das große Glück, dass wir dem 23-jährigen Geschichts- und Archälogiestudenten Paul über den Weg liefen. Paul arbeitet im örtlichen Museum und führte uns drei Stunden durch eben dieses. Das war insofern besonders spannend, da Bagamoyo die ehemalige Hauptstadt Deutsch-Ostafrikas ist. Kulturell und historisch haben wir also einiges über die heute knapp 30.000 Einwohner große Stadt dazugelernt. Im 18. Jahrhundert wurden unzählige Sklaven vom Landesinneren nach Bagamoyo getrieben und später per Schiff zum internationalen Sklavenmarkt nach Sansibar gebracht. Wer einmal in Bagamoyo eingekerkert war, hat seine Heimat nie wieder gesehen. Dieses Gefühl der Ohnmacht und Hoffungslosigkeit spiegelt sich auch im Namen des Ortes wieder. Bagamoyo (Bwaga-Moyo auf Kisuaheli) bedeutet „Leg dein Herz nieder". Timo und ich schlugen das Gehörte abends im Reiseführer nach und dieser schildert die multikulturelle Mannigfaltigkeit des kleinen Örtchens wie folgt:

„In keiner anderen Stadt Ostafrikas liegen die alten Zeugnisse des Islams und der christlichen Missionierung, der Fremdherrschaft der Perser und Araber, der Sklaverei, der großen europäischen Entdecker wie Livingstone, Speke oder Burton sowie des deutschen und britischen Kolonialismus so dicht beisammen wie in Bagamoyo."

Von dem Studenten Paul erfuhren wir weiter, dass selbst noch im Jahre 1889, als der Sklavenhandel bereits bekämpft wurde, noch 1.300 Karawanen mit 40.000 Sklaven den damals lediglich 1.000 Einwohner großen Ort passierten. Es ist surreal und absolut unvorstellbar, dass die Zeit des Sklavenhandels gerade ein Mal 120 Jahre her ist. Das sind lediglich eineinhalb Generationen. Nachdenklich schlenderten wir mit Paul vom Museum aus durch den restlichen Ort. Am Hafen blickten wir auf schweißüberströmte Männer, die schwere Holzkisten und Sandsäcke von kleinen Booten luden. Unbehagen stellte sich ein. Timo und ich wurden grimmig beäugt, angebettelt und waren froh, als wir mit Paul den Rückweg einschlugen.

Wir verstanden uns so gut, dass wir den restlichen Nachmittag zusammen abhingen. Wir brachten ihm deutsche Sprachbrocken bei und er erweiterte unseren Kisuaheli-Wortschatz um wesentliche Begriffe wie „hakuna matata" (kein Problem), „habari" (was geht?), „mrembo" (Süße) und für die Mädels zu Hause „ninakupenda" (Ich liebe dich). Zwischendurch rief Miriam aus Kenia an und fragte nach unserem Wohlbefinden. Stolz erzählte sie, dass sie von unserem Abschiedsgeld ihren Söhnen ein Fussballshirt und ein Armband gekauft hat. Wir tauschten auch mit Paul unsere Handynummern und hätten bei so viel kommunikativer Leichtigkeit fast vergessen, dass wir gerade irgendwo in Afrika sind.

In der Travellers Lodge in Bagamoyo waren wir die einzigen Camper. Alle anderen Urlauber bezogen deutlich teurere Lodges. Vielleicht aus Mitgefühl bietet uns eine abreisende Tourguide an, nach ihrer Abreise am Abend ihr Zimmer für die bereits bezahlte letzte Nacht zu nutzen. Zitat: „Für den Fall, dass Ihr mal heiß duschen wollt…". War das etwa ein dezenter Hinweis mit dem Zaunpfahl? Egal, wir nahmen gerne an und freuten uns über den Unterschied zu den sonst spärlich tröpfelnden und vor allem kalten Duschen in öffentlichen Bereichen.

Nach dieser Wellness-Erfahrung gestern Abend machten wir uns heute Morgen völlig entspannt auf den Weg ins 70km entfernte Dar Es Salaam. Viele Locals und andere Reisende hatten uns erstaunt gefragt, was uns in eine stickige Metropole zieht, wenn man gerade drei Tage unter Palmen verbracht hat. Nun, vielleicht ist es ja genau dieser Gegensatz. Timo hätte auch durchaus einen Bogen um „Dar" gemacht, aber ich wollte unbedingt wissen, warum es so viele Touristen in diese Ecke von Tansania zieht.

Mich trieb die Frage an, wie wohl eine afrikanische Metropole ausschaut, riecht und schmeckt.

Nun, sie schaut aus wie diverse Großstädte, die ich in Indien gesehen habe: Armut und Protz im Wechsel, Hochhäuser und Lehmhütten nebeneinander. Sie schmeckt bitter nach verbranntem Müll, viel zu viel CO2 und aufgewirbeltem Staub. Wie sie riecht, weiß ich nicht, da meine Nüstern mit dem aufgewirbelten Dreck der Busse und LKW´s verstopft waren.

Um uns herum herrschte eine hektische laute Kulisse. Alle hupten, drängelten und schimpften. Es ist pure Ironie, dass Dar Es salaam wörtlich übersetzt „Haus des Friedens“ bedeutet. 90 Minuten fuhren wir mit Schrittgeschwindigkeit durch den angeblich chronisch verstopften Berufsverkehr. Anstrengung. Kopfschmerzen. Wir kämpften uns bis zur Fähre vor und setzten auf Empfehlung zur Südstadt von Dar Es Salaam über.

Krass! Welch ein Unterschied. Graue Betonklötze wichen weißen Strandarealen und grünen Palmen. Aus CO2 wurde Salzluft und der Himmel strahlte in hellstem Blau. Wurden wir in die Karibik gebeamt? Die Strapazen des Vormittags waren vergessen. Visier hoch, Arme lang, jetzt war Cruisen angesagt. Hüfte schwingend manövrierten wir uns durch den spürbar entzerrten Verkehr von Campingplatz zu Campingplatz. In dem von indischen Collegestudenten übervölkerten „Sunrise“ kehrten wir letzten Endes auch aufgrund des passenden Namens ein.

Zum Sonnenaufgang morgen früh soll es auch für uns weitergehen. Die Reiserichtung wird von Süden auf Westen geändert. Ab morgen beginnt die mehrwöchige Ost-West-Durchquerung von Afrika mit Ziel Namibia.

Den restlichen heutigen Tag haben wir mit Fußballspielen gegen die Einheimischen verbracht. Völkerverständigung ist so einfach. Sport ist eben eine Weltsprache.

1:	In der Obhut von Miriam a.k.a. Mutter Teresa
2,3:	Freundliche Belagerung in Kenia
4:	Verkabelte und glückliche Köpfe
5,6:	Straßen von und Camping in Bagamoyo
7,8:	Chillen an der Küste bei Daressalam

Rußende Bikes und ein Däne in Trance

Dienstag, 10.08.2010, Tag 11, Tukuyu, Tansania

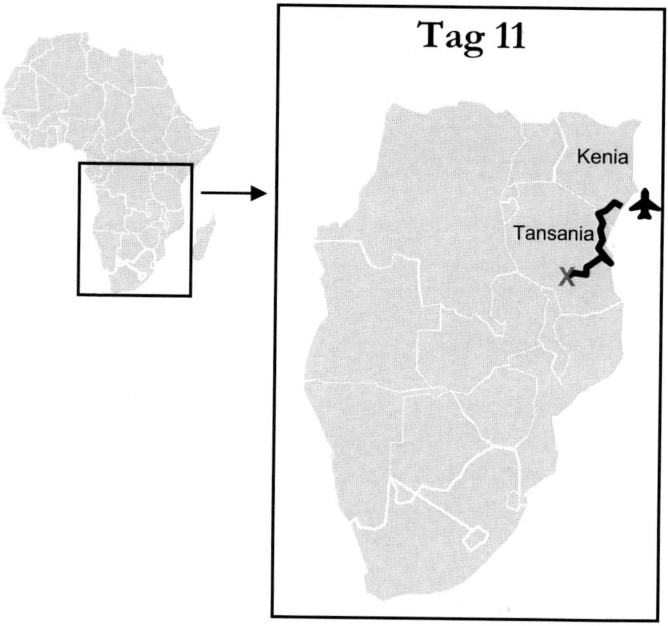

Wir sind mit unseren Bikes eins geworden und erleben diesen Trip in seiner reinsten Form. In den vergangenen zwei Tagen bewältigten wir 900km, schlängelten uns bis auf 2.000 Höhenmeter nach oben, begegneten wilden Tieren und ließen uns von ständig wechselnden Landschaften faszinieren.

Sonntag sind wir um 5.30h aufgestanden, haben Dar Es Salaam und den „Sunrise“ Campingplatz hinter uns gelassen und sind in die umliegenden Serpentinen aufgebrochen. Die Umgebung wurde immer gröber, weitläufiger und einsamer. Wir passierten das Hinweisschild des Mikumi National Park und blickten auf den Hinweis „50 km Wild Animals“. Hier führte eine öffentliche Straße mitten durch ein Naturgebiet. Unvorstellbar!

Unvergessen ist der Moment, in dem der erste Affe am Wegrand saß und uns anstarrte. Wer hier wohl wen als wild und befremdlich empfindet? Timo und ich waren gefesselt von Mutter Natur und ihren Geschöpfen. Zebras und Giraffen standen lediglich fünf Meter vom Straßenrand entfernt, eine Schlange schlängelte sich über die Straße und immer mehr Affen tauchten wie aus dem Nichts auf. Ständig hielten wir an, staunten, fotografierten und filmten. Bilder verewigten sich in Netzhäuten, Herzen und Speicherkarten.

Danach wurde die Landschaft wieder ruhiger, Bäume wandelten sich zu Sträuchern, lange Geraden mutierten zu kurzen, engen Kurven. Unsere Stimmung stieg im Gleichschritt mit dem Höhenmesser von Meter zu Meter. Das ein erhöhtes Endorphin-Level kein Grund zum Abheben ist, wurde mir schmerzlich bewusst, als ich um Haaresbreite einem Frontalzusammenstoß mit einem Esel entgehe.

Das Tier stand rechts an der Straße und fing ganz gemütlich an die Straße überqueren zu wollen, während ich mit 80km/h ebenfalls auf der rechten Spur unterwegs war. Da von vorne nichts kam, wechselte ich also nach links und wollte den Esel rechts liegen lassen. Aus welchem Grund auch immer beschleunigte dieser jedoch seinen Gang. In dem Moment, in dem ich verstand, was abläuft, war es für Bremsen zu spät und für einen radikalen Schwenk rechts hinter das Tier fehlte mir anscheinend der Mut. Also drehte ich am Gashahn und versuchte links vor dem Esel vorbeizuziehen. Es war so knapp, dass Timo sich hinter mir vor Schreck fast eingeschissen hätte und mir später erzählte, dass weniger als ein halber Meter gefehlt hat, um mit dem Tier zu kollidieren. Also merke: „Never cross a wild animal in front".

Am Abend dieses Tages rauschten wir bei einbrechender Dunkelheit an einem Honda Afrika Twin Fahrer vorbei. Der kurze Moment reichte für ein Lachen und den obligatorischen Bikergruß mit der linken Hand. Schon war die Kurve zu Ende und man verlor sich aus den Augen. Doch man trifft sich, wie das Sprichwort sagt, immer zweimal im Leben und so begegneten wir dem Engländer Tom keine zwei Minuten später erneut auf seiner Honda. Wir drei waren alle auf der Suche nach einer Unterkunft in der gut versteckten Stadt Iringa. Es leben knapp über 100.000 Menschen in Iringa und wir drei hatten es geschafft, mehrfach an der entscheidenden Abzweigung zum Ortskern vorbeizufahren. Jedes Mal waren wir binnen weniger Minuten aus der Stadt wieder raus. Dem GPS-Signal vertrauend, schlängelten wir uns dann eine Felswand hoch und erreichen das an einem Hang gelegene Stadtzentrum. Laut Reiseführer ist Iringa die ehemalige Festung von Chief Mkwawa, der als Einheimischer gegen die deutsche Kolonialmacht kämpfte. Kein Wunder also, dass hier alles so gut versteckt ist. Nach all der Suche entschieden wir drei uns für ein Guesthouse, das mit dem Hinweis „Secure Parking" lockte.

Bike parken, Klamotten abschnallen, umziehen, Bar suchen, quatschen. Tom ist ein Aussteiger-Typ. Es zog ihn von England erst in den Mittleren Osten, dann einer Frau folgend, nach Südafrika. Leider eine Lovestory ohne Happy-End. Auch deswegen hat Tom seine Wohnung in Kapstadt samt Mobiliar verkauft und besitzt noch genau drei Plastiktüten und einen Tankrucksack voller Besitztümer. An Geld scheint es ihm jedoch nicht zu mangeln, drei vermietete Wohnungen im United Kingdom garantieren ihm einen stetigen Geldfluss. Jetzt ist er auf dem Weg zu diversen kleinen Touren und hat, gerade aus Malawi kommend, jede Menge guter Tipps für uns.

Bereits am nächsten Morgen trennten sich unsere Wege wieder, da wir in entgegengesetzte Richtungen weiterreisten. Nachdem Timo und ich vormittags zunächst 1.400 Höhenmeter nach unten zurückgelegt hatten, zogen sich die Straßen kurvenreich und von Bananenstauden umringt in einem immer grüner werdenden Afrika erneut die Berge hinauf. „Wir packen unsere Sachen und sind raus mein Kind, Bastimo ist auf Reise und hat Rückenwind. Wir betreten neue Wege, die wir noch nicht hatten, einer fährt vor, der andere im Windschatten". Uns ging es gut, wir dichten Texte von Thomas D. und Konsorten um und grölen sie uns gegenseitig durch unsere Mikrophone entgegen. Nach einer Stunde Rumalbern tauchte gänzlich unangemeldet ein flaues Gefühl in der Magengegend auf.

Timos Bike beschleunigte nicht mehr richtig. Im fünften Gang kam ohne Ende Ruß aus dem Auspuff. Wir hielten, spielten am Luft-Benzingemisch herum und verschlimmbesserten die Lage. Mal wurde es schlimmer, mal besser. Auf den immer länger werdenden Bergpassagen verlor Timo fast vollständig den Anschluss und schlich mit 60km/h über den Asphalt. Im Rückspiegel sah ich ihn fluchen und wünschte, ich könnte etwas tun. Aber als Nicht-Mechaniker ist man erstmal ratlos. Wir hielten an, versendeten eine SMS an McGyver nach Deutschlad, hofften, bangten und tuckerten schließlich weiter.

Völlig unverhofft tauchte nach einer Kurve vor Tukuyu ein Schild auf: „Bongo Campsite“. Timo und ich waren uns wie bei allem der bisherigen Reise sofort einig und wollten hier einkehren. Nach 800m über einen holprigen Feldweg standen wir einem wie in Trance wirkenden Dänen und zehn völlig aufgeregten afrikanischen Kindern gegenüber. Kasper begrüßte uns herzlich und wir belagerten ihn sofort mit Fragen zu diesem Platz und seiner Person.

Vor zehn Jahren ist Kasper auf einer Afrika-Reise einfach hier geblieben. Er hat ein Mädchen aus dem Dorf geheiratet, spricht fließend Kisuaheli und ist mit Anfang 30 der einzige Weiße in der Dorfgemeinschaft. Zu fünft versucht er mit vier Einheimischen einen integrierten Campingplatz zu gestalten. Er wehrt sich gegen die übliche Einzäunung und Ausgrenzung. Reisende und Einheimische treffen unmittelbar aufeinander. Gewünscht ist ein Miteinander und nicht nur das Nebeneinander. Für die Dorfkinder waren wir die Akttraktion schlechthin. Sie umringten uns und unsere Bikes. Wir setzen sie zu siebt auf die Motorräder, bauten mit ihnen unser Zelt auf und spielten Fußball. Strahlende Kindergesichter erobern „harte Bikerherzen“.

Wie aus dem Nichts gaben die älteren Kids ein kurzes Zeichen und einige Minuten später standen Timo und ich wieder alleine an unserem Zelt. Verwundert erkundigten wir uns bei Kasper über diesen spontanen Rückzug und erfuhren, dass alle Kinder die Neuankömmlinge begrüßen und bestürmen dürfen, es jedoch danach an der Zeit ist, den Reisenden ihre Rast zu gönnen. Es ist einfach erstaunlich wie viel Disziplin die Kids hierbei an den Tag legten.

Neben unserem Zelt standen noch zwei weitere und am Abend kehrten Owain und Linny, ein Paar aus England um die 30 Jahre und zwei Belgierinnen Linn und Gwendoline zurück. Drei der Vier sind Lehrer, Linn hingegen ist Ärztin und war gerade für einige Monate in Uganda.

Wir sechs verstanden uns auf Anhieb gut, aßen gemeinsam und saßen abends mit den Locals am Lagerfeuer. Eine besondere Ehre wurde uns zuteil, als wir die Premiere einer Videodokumentation über drei HIV-infizierte Familien aus der Dorfgemeinschaft sehen durften. Erstellt wurde dieser siebenminütige Film im Rahmen eines Entwicklungshilfeprojektes zur AIDS-Aufklärung. Story, Aufnahme, Schnitt. All das haben die Locals von einer Entwicklungshelferin gelernt und waren zu Recht mächtig stolz auf ihr Ergebnis. Der Film soll in umliegenden Dörfern gezeigt werden und zum offenen Austausch über das vielerorts tabuisierte und mystifizierte HIV-Problem beitragen. Unsere Meinungen, Einschätzungen und Anregungen waren gefragt und dank Kaspers Dolmetscherfähigkeiten entwickelte sich eine lebhafte und spannende Diskussion. So tief sind wir auf dieser Reise noch nie in die Gesellschaft eingetaucht und es wäre zu schade gewesen, am nächsten Tag weiterzureisen. Also blieben wir eine weitere Nacht.

Den heutigen Tag haben wir unseren Bikes eine Verschnaufpause gegönnt und uns zu sechst wie Sardinen in Minibusse gequetscht. Schon wieder fühlte ich mich an Indien erinnert. Viel zu viele Menschen auf viel zu engem Raum mit viel zu wenig Sicherheit und einem viel zu schnell fahrendem Fahrer. Im Nachbardorf hatte der Höllentrip ein Ende und wir wanderten zu einem nahe gelegenem Wasserfall. Nahezu jeder Einheimische fragte im Vorbeifahren, ob wir Hilfe benötigten oder uns verlaufen hätten. Die Tatsache, dass wir einfach nur Lust auf ein bisschen Bewegung hatten, war ihnen unbegreiflich.

So schlenderten wir herrlich entspannt durch den Tag. Gesprächsthemen gingen nie aus und Owain beschäftigte unsere Gehirne mit mathematischen Rätseln wie zum Beispiel dem folgenden:

„Man hat eine Packung Streichhölzer und zwei 1m lange Zündschnüre. Beide Schnüre brennen ungleichmäßig, mal schnell, mal langsam, ab. Nach exakt 30 Minuten ist jedoch jede Schnur abgebrannt. Wie kann man ohne weitere Hilfsmittel genau 45 Minuten auf die Sekunde genau abmessen?“

Ansonsten sorgten Timo und ich immer wieder für Erheiterung, wenn wir über die Probleme von Timos Bike rätselten und dabei angeblich eine „emotional gefestigte Beziehung“ zu den Bikes unter Beweis stellten. Alles nur, weil wir sie liebevoll „Babys“ nannten? Sofort bekamen wir einen Spitznamen. Man nannte uns „the awesome foursome“, der „abgefahrene Vierer“. Wenn es sich nicht sofort nach einem Porno anhören würde, dann wäre dies eigentlich ein geiler Buchtitel. Wobei, „sex sells“, ich kann ja mal darüber nachdenken, wenn wir die nächsten Tage am Malawi See entlangfahren.

Vom Aussteigen und Verzweifeln

Freitag, 13.08.2010, Tag 14, Chilumba, Malawi

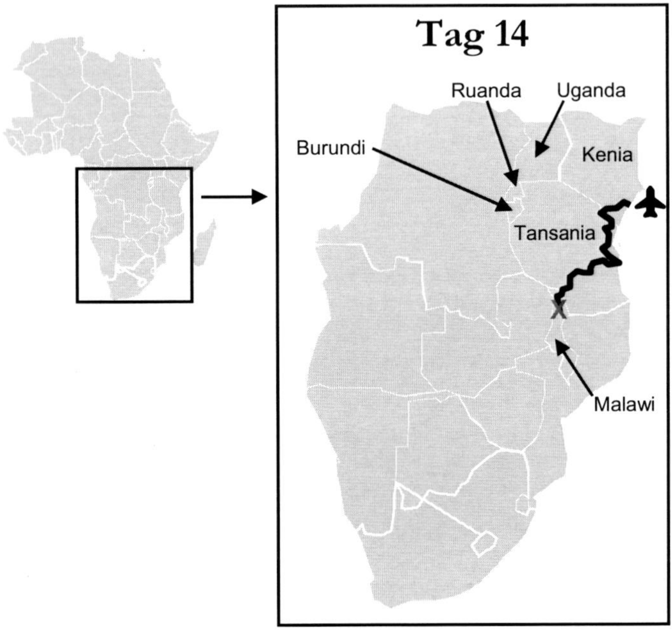

Tosende Wellen brechen drei Meter hinter mir auf vom Wasser rundgeschliffene Felsen. Sprühnebel liegt in der auf knapp 17°C abgekühlten Luft. Kerzenlicht flackert im Windschutz der Teelichter vor sich hin. Kaltes „Kuche Kuche Bier“ sickert meine Speiseröhre hinunter. Vorfreude auf das Kommende wärmt mein Herz. Timo und ich sitzen als einzige Gäste der Sangilo Sanctury in Korbsesseln am Wasser und grinsen vor uns hin. Malawi war von Anfang an ein Meilenstein unserer Reise. Bis hier, so wussten wir, hätten wir ca. 2000km in Afrika hinter uns gelassen. Hier wäre es an der Zeit für eine Bestandsaufnahme der Bikes, der Reise und unseres Wohlbefindens. Ein Ort der Selbstreflektion also.

Der Weg hierher verlief unkompliziert. Timo und ich waren nach unserem Ruhetag in Tukuyu und der herzlichen Verabschiedung von Kasper, den Kids und allen Kennengelernten, heilfroh wieder auf unseren Bikes zu sitzen. Vom Grenzübertritt aus Tansania nach Malawi gibt es nichts Spannendes zu berichten.

Straßen blieben löcherig und Menschen wurden zurückhaltender, aber nicht minder freundlich. Landschaftsbilder wechselten. Die zuvor in Grün erstrahlten Hügel aus Tansania wurden durch ein tobendes Blau des 600km langen Malawi See ersetzt. Fischerdörfer mit Häusern aus Lehm sind Impressionen, die uns so noch nicht auf dieser Reise begegnet sind. Geblieben ist das trügerische Ruckeln von Timos Bike und dessen fast schon chronische Abneigung bei Steigungen den Wünschen seines Fahrers zu gehorchen.

Umso wertvoller war der Tipp von Tom aus Iringa. Er hatte ein paar Nächte in der Anlage eines ehemaligen Tour-Guides, Motorradfahrers und Mechanikers geschlafen und konnten diesen Platz, die Sangilo Sanctury, wärmstens empfehlen.

Bevor wir beide hier einfuhren, wurde ich jedoch zwei Mal mit meiner eigenen Dummheit und Leichtsinnigkeit konfrontiert. Missgeschick Eins passierte, als ich an einer Tankstelle wendete, mit dem kurveninneren Bein in ein Schlagloch trat und wie ein nasser Sack mitsamt der Maschine auf die rechte Seite fiel. Timo und die Umherstehenden hatten sichtlich ihren Spass und lachten mich mehr aus als an. Also aufgehoben, aufgestanden und weitergefahren. Mein Bremshebel hatte sich bei diesem Umfaller halbiert und wird mich auf ewig an diesen Trottelsturz erinnern.

Wieder im Sattel stoppten wir bei einer Tankstelle, die mit „World Wide Web Service“ warb. Wir gaben der Versuchung nach und versuchten in die Weiten der globalen Vernetzung einzutauchen. Es war unglaublich, was uns erwartete. Das Internet funktionierte mit einer Geschwindigkeit von 4kb/Sek. Sechs Rechner waren über ein Motorola-Handy als Modem-Ersatz miteinander verbunden. Wie schon fast zu erwarten, hat unser Versuch 5MB an Bildern zu versenden nicht geklappt. Gegenüber der „Internet-Tankstelle“ trafen wir auf die nächste Versuchung, einen Supermarkt. Dies war der erste Supermarkt seit Ewigkeiten. Timo ging rüber, kaufte den halben Laden leer und wir wurden später bei Seven-Up, Chips und Schokolade mit der Frage konfrontiert, ob wir denn auch lokales Essen essen würden…

Wir schmissen uns weg bei dem Gedanken daran, wie typisch-amerikanisch wir beide wirken mussten.

Immer noch schmunzelnd fuhren wir weiter, verließen die Hauptstraße und passierten florierende Obst- und Gemüsemärkte. Die Entscheidung zum nächsten Spontaneinkauf fiel nicht schwer und das Feilschen mit den Marktfrauen war ein lustiges Erlebnis. Den Rückweg zur Hauptstraße versperrte uns dann leider eine 25cm hohe Stufe an einer steilen Auffahrt. Timo überwand das Hindernis im zweiten Anlauf und schaute mich erwartungsvoll an. Ich hingegen war noch dabei den Einkauf und meine Sinne zu sortieren. Nein, umringt von lauter Schaulustigen, fühlte ich mich nicht wirklich wohl in meiner Haut. Nervosität stieg in mir auf und ich machte mir keine Gedanken über die Fahrtechnik, mit der ich das Hindernis überwinden wollte. Fast schon fluchtartig hielt ich nach halbherzigem Ausrichten der Maschine, in völlig falschem Winkel und mit zu hoher Geschwindigkeit auf die Stufe zu. Das Vorderrad sprang hoch, das hintere prallte gegen die Stufe und zwang das vordere zum Rückweg. Es knallte hart auf, die Maschine bekam massive Schräglage und mit ihr stürzte ich wie bereits am Vormittag auf die rechte Seite.

Es knallte und schepperte, der Rückspiegel brach aus seiner Halterung, Aluminiumkoffer verbeulten sich, Lack platzte ab und ich war schockiert über mich selbst.

Die Fahrlässigkeit, die Tatsache, dass ich leichtsinnig und vollständig unüberlegt gehandelt hatte, ärgerte mich maßlos. Ansonsten war mir außer einem geschwollenen Ellenbogen nichts passiert. Doch wenn ich weiter so mit dem Material umgehe, wird das nichts mit einer heilen Ankunft in Kapstadt.

Zurück im Sattel und schlecht gelaunt fuhren wir schweigend nebeneinander durch den Nachmittag. Unsere Aufmerksamkeit wurde erst wieder gefordert, als wir die zwei Kilometer lange, steile und sandige Zufahrt zur Sangilo Sanctury erreichten. Beim Anblick des Schotterweges konnte ich meinen eigenen Augen kaum trauen. Ich kannte dieses Stück Erde irgendwo her, da war ich mir ganz sicher. Richtig, ich kenne es aus dem Fernsehen. Ewan Mc Gregor und ein Kameramann hatten sich bei den Dreharbeiten zu Long Way Down hier mit ihren Maschinen langgelegt. Und nun mussten wir hier hinunter. An einem Tag an dem ich gerade mal gut genug zum Geradeausfahren bin…

Das Herz klopfte, die Bikes schlingerten, doch am Ende meisterten Timo und ich das Stück mit Bravour und wurden nach der Tordurchfahrt mit einer fantastischen Aussicht auf den Lake Malawi belohnt.

Vor sieben Jahren hat sich Mark, ein Engländer um die 50 Jahre, nach diversen Jahren als Tourguide und Trucker hier niedergelassen. Fotos von früher zeigen die damals noch unberührte Natur, die Mark seitdem in liebevoller Detailarbeit in eine Oase der Harmonie und des Wohlbefindens verwandelt hat. Dieses energieseitig autarke, da ausschließlich über Solarenergie versorgte, Fleckchen Afrikas bietet Platz für knapp 30 Gäste. Aus Marks Händen geformte Bungalows sowie eine Hand voll Campingplätze stehen zur Verfügung.

Wir genossen freie Platzwahl und entschieden uns für ein äußeres Areal an den Klippen zum See. Wahrscheinlich konnte uns nichts Besseres passieren, als hier in einer Zeit einzukehren, in der es die meisten Afrika-Reisenden scheinbar in andere Regionen zieht. Marks nahezu ungeteilter Aufmerksamkeit gewiss, wurde er nach Miriam aus Mombasa zu unserer zweiten „Mutter Teresa" auf dieser Reise. Von Mark erhielten wir Ausflugtipps für spontane Offroadtrips. In seiner Werkstatt durften wir an unseren Maschinen rumbasteln und fanden vor allem durch Marks Hinweise auch den Grund für Timos zickiges Bike:

Die Leerlaufdüse (Idle Jet) war mit dreckigem Benzin verstopft. Angeblich ist dies nichts Unübliches in Afrika, da der Sprit nicht mit dem vielfach gereinigten Sprit aus Europa zu vergleichen ist. Vor vier Wochen hätte ich nicht einmal gewusst, wo der Vergaser an meinem Motorrad ist und jetzt sezieren wir ihn mit einer Genauigkeit, die Timo mehr als einmal den Vergleich zu seinem Medizinstudium und der damit verbundenen „Schnippelei“ ziehen lässt. Mit einer alten Gitarrensaite, natürlich von Mark, schafften wir es, die Düse zu reinigen und bastelten die Bikes wieder zusammen.

Timo und ich, zwei öl- und benzinverschmierte Jungs, die mit breitem Grinsen und kaltem Bier über Straßenkarten brüteten und ein Luxusproblem diskutierten:

Wir kommen zu gut und zu schnell voran. Wir haben noch gut fünf Wochen vor uns, bevor wir in Kapstadt aufschlagen sollten. Nach Malawi und dem angeblich tristen und öden Sambia, warten noch Botswana, Namibia und Südafrika auf uns. Alle drei sind Länder, die infrastrukturell gut erschlossen und bereits relativ stark auf den Tourismus ausgerichtet sind. Fünf Wochen sind ziemlich viel für die restliche Strecke. Eine Möglichkeit wäre es, die Reise langsam angehen zu lassen, abseits der Highways zu fahren und längere Pausen einzulegen. Dieser Gedanke wurde jedoch wieder verworfen, da es zu wenige Alternativrouten und Alternativziele gibt, oder diese mitten durch Nationalparks führen, deren Durchquerung mit dem Motorrad nicht erlaubt ist. Außerdem ist die Vorstellung, hier und dort mal zu chillen, nicht die Motivation für diesen Trip. Sollte dies etwa schon der abenteuerlichste Teil der Reise gewesen sein?

Wenn ich zurückblicke, dann bereue ich inzwischen, dass wir aus Mombasa direkt in den Süden gefahren sind, anstatt nördlich um den Lake Viktoria zu fahren. Dieses „Bereuen“ ist ein seltsames Gefühl, denn zurückversetzt an Tag 1, mit all den Unsicherheiten über Afrika, die Menschen, die Straßen, das Reisen, würde ich immer wieder so entscheiden, wie wir es getan haben. Aber es ließ mich nicht los. Mit dem Finger fuhr ich permanent über die einen Quadratmeter große Landkarte Afrikas und sprach den abwegigsten aller Gedanken gegenüber Timo an: „Warum fahren wir nicht wieder zurück gen Norden?“ Wie bei Monopoly, einfach zurück auf „Los“? Timos erste Reaktion war ein Kopfschütteln in Verbindung mit der Nachfrage nach meinem Bierkonsum.

Je mehr wir darüber redeten, desto schneller wurde klar: Ruanda, Burundi und Uganda reizen uns zu sehr, um den Gedanken direkt wieder zu verwerfen. Auch waren wir uns einig, dass wir auf gar keinen Fall dieselbe Straße wieder nach Norden fahren, sondern wenn, dann Neuland entdecken wollen. Maximal 14 Tage würden wir uns für eine Nord-Ost-Expedition geben. An Tag 28 unserer Reise müssten wir genau wieder an diesem Punkt sein, um mit den dann verbleibenden restlichen drei Wochen ganz entspannt nach Kapstadt zu fahren.

Mark saß unlängst bei uns am Tisch, seine Straßenkenntnisse und sein Detailwissen waren von unschätzbarem Wert für unsere Idee. Letzten Endes beschlossen Timo und ich, dass wir knapp 1.000km über größtenteils unbefestigte Piste im Westen Tansanias bis nach Kigoma fahren wollen. Von dort aus wollen wir dann in die Länder Burundi, Ruanda und Uganda aufbrechen. Wir haben unsere Bikes nicht so umgerüstet, um damit lediglich über Asphalt zu cruisen.

Nein! Unsere Devise lautet: „These bikes are made for riding – that´s just what they do“, rein ins Abenteuer.

Mark ist ebenfalls ganz ergriffen von der Route und würde am liebsten mitkommen. Aus seiner Erfahrung als Tourguide kennt er die Strecke und verspricht uns die härteste und schönste Strecke unserer ganzen Reise. Naja, wir werden sehen.

Auf die getroffene Entscheidung wurde ein neues Bier bestellt, angestoßen und das Thema gewechselt. Timo und ich sehen in Mark die Verkörperung des Spruchs „Irgendwann baue ich mir eine Bambushütte am Strand und wandere aus". Wir blicken naiv und neidvoll auf Marks kleines Paradies und er nimmt dies zum Anlass uns von seinen Alltagsproblemen als Aussteiger zu berichten.

Er spricht von Integrationsproblemen als einziger Weißer in der Dorfgemeinde. Wochentage vereinsamen, da Mark seine Frau und Kinder nur am Wochenende sieht. Die Kommunikationsbarrieren mit den 20 Angestellten hören sich für uns wie lustige Anekdoten jenseits unseres Vorstellungsvermögens an und sind doch wahrscheinlich der größte Stein auf dem Weg zum Auswandererglück. Marks Köchin zeigt sich renitent, wenn es darum geht, dass aus Eiern, Brot und Speck bestehende Frühstück zeitgleich und nicht aufeinander folgend zuzubereiten. Voller Selbstbewusstsein tritt sie ihm entgegen und sagt: „3 things at 1 time – that is stupid". Für Multitasking gibt es eben kein Wort im Sprachrepertoire der Einwohner von Malawi.

Amüsant ist auch die Geschichte über Marks Zimmermädchen, die sich keiner Schuld bewusst, immer wieder bejaht, sie habe das Licht in den Bungalows ausgeschaltet. Obwohl dieses für alle sichtbar die Nacht erhellt. In seiner Verzweiflung bittet Markt sie ihm zu zeigen, wie sie das Licht ausschaltet. So zeigt sie ihm, was sie unter „Licht ausschalten" motorisch abgespeichert hat, nämlich das Drücken auf den Lichtschalter. Die Tatsache, dass es sich bei dem Schalter um einen Drehknopf-Dimmer handelt und die Aktion des Drückens keine Reaktion auslöst, ist ihr entweder nicht bewusst oder schlichtweg egal.

Ähnlich verhält es sich mit dem Gärtner, der beim Öffnen und Schließen der Wasserkreisläufe immer wieder Fehler macht. Er kennt nur „auf" im Sinne von „Wasser läuft" und „zu" im Sinne von „Wasser läuft nicht". Einen Haupthahn nach links zum Öffnen und nach rechts zum Schließen zu drehen, will einfach nicht funktionieren, da der Gärtner immer wieder verwechselt, ob rechts nun „auf" oder „zu" ist.

Mark scherzt gegenüber uns, dass er sich nicht wie ein Aussteiger, sondern wie ein Hobbylehrer bei soziologischen Feldversuchen fühlt.

Sicherlich sind seine Beispiele Extrembeispiele, bedingt durch die abgeschiedene Lage und eher unterdurchschnittliche Bildung der Dorfbewohner. Dennoch illustriert es anschaulich, dass nicht Welten, sondern Universen zwischen Mark und seiner Belegschaft liegen. Es ist vor allem deshalb so spannend ihm zuzuhören, weil er ein guter Beobachter mit ausgeprägter Menschenkenntnis zu sein scheint.

Besonders kritisch beschreibt Mark die einsetzende Verbreitung von Satellitenanlagen und rudimentären Internetcafes. Wir erfahren von Dorfgemeinschaftsplätzen, auf denen der einzige Dieselgenerator der Umgebung notwendigen Strom für einen Fernseher und einen Computer liefert. Das Internet funktioniert dort zwar quasi nie, aber MTV wird zum Fenster zur Welt und prägt das Bild einer unvorstellbar reichen, polygamen, westlichen Gesellschaft. Dieses Bild wird auf Milliarden westlicher Männer und jeden hier Eintreffenden projiziert. Junge Kids auf der Straße grüßen nicht mehr mit „Hello Mzungu“ (hallo Reisender / Fremder), sondern im Ami-Rap Slang mit „Fuck you“, ohne sich der wörtlichen Bedeutung des Gesagten überhaupt bewusst zu sein. Ich denke, das Problem ist, dass es an solchen Orten kein Hineinwachsen in ein digitales Zeitalter gab, sondern von Null auf Hundert ein medialer Informationsoverkill eingesetzt hat. Die jetzige Generation scheint mit der Verarbeitung dieser Informationen und der Definition ihrer eigenen Rolle schlicht überfordert.

Verdammt kann man hier abschweifen..., ich glaube ich hau mich aufs Ohr und gönne mir etwas Schlaf vor unserer ausgeprägten Nordschleife.

1-3: Wilde Typen treffen auf wilde Tiere
4: Kids beim Bongo-Campsite
5,6: Tukuyu: Umgeben von Bananen
7-9: Sangilo Sanctury in Malawi, bzw. „wenn der Eine schraubt, kann der Andere schreiben“

Die Grenzen von Körper, Geist und Material

Montag, 16.08.2010, Tag 17, Uvinza, Tansania

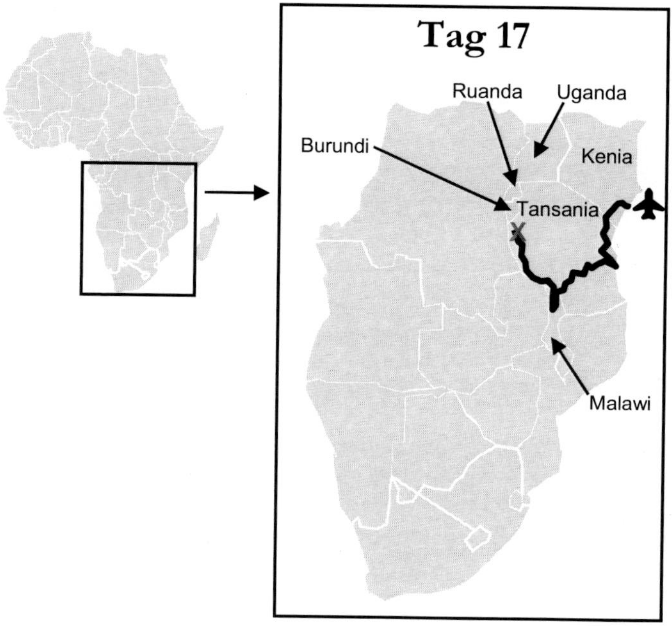

Neonröhren scheinen auf die Bikes und werfen tiefschwarze Schatten über den kalten Betonboden. Das verdreckte Konterfei mir gegenüber zeigt die Konturen eines vor Erschöpfung eingeschlafenen Körpers. Timo liegt in voller Motorrad-Montur neben seinem verbeulten Bike mit halb abgerissenem Koffer. Mein Blick wandert nach vorne, der Kopf dreht mit und jeder Halsmuskel quittiert dies mit ziehendem Schmerz. Zusammengekauert sitze ich phlegmatisch an die Außenwand eines Guesthouses gelehnt. Ich bin zu aufgewühlt, um zu schlafen, zu müde mich zu bewegen, aber gewillt, das

Geschehene der letzten Tage zusammenzufassen. Meine Finger schmerzen bei jedem Wort, das ich schreibe. Ich kann meine eigene Schrift kaum lesen. Ich fühle mich verprügelt, alle Rezeptoren senden Schmerzsignale ans Gehirn. Das Gehirn sendet in meiner eigenen Stimme zurück: „Ihr habt es so gewollt." Hatten wir das wirklich?

Die ersten 400km raus aus Malawi waren abgesehen von vier Stunden Regen relativ unspektakulär. Ab Tunduma begann dann das, was Mark als die schönste, aufregenste und schwierigste Piste unseres Trips prophezeite. Die asphaltierte Teerstraße endete wie von Geisterhand und verwandelte sich in roten, von Schlaglöchern durchzogenen Kies. Wir hielten an, rauchten eine Kippe, dehnten uns und versuchten uns mental auf volle Konzentration zu trimmen.

Die Strecke erinnerte an das Stück der Grenzüberquerung zwischen Kenia und Tansania in den ersten Tagen dieser Reise. Also nichts, was wir nicht bewältigen könnten und so kamen wir vorgestern entsprechend gut voran und kehrten 100km vor Sumbawanga in einem afrikanischen kleinen Dorf ein.

„Mzungu, Mzungu", „Piki Piki", aufgeregtes Kisuaheli schlug uns entgegen und wir waren im Nu der Kern einer Menschentraube. „Reisender", „Motorrad", ja wir waren eine Attraktion und angeblich die ersten Weißen, die seit Ewigkeiten in diesem Dorf hielten. Wir fragten, ob wir irgendwo unser Zelt aufschlagen dürften und erhielten letztendlich zwei je 4m² kleine Schlafnischen ohne Strom, Wasser oder Türschloss angeboten. So sparten wir wenigstens den Zeltaufbau und nahmen dankend an. Für umgerechnet 5€ pro Person bekamen wir noch ein Bier und eine große Portion Reis mit Gemüse dazu. Kaum, dass wir saßen, spürten wir die Anstrengung des Tages in den Knochen und verzogen uns direkt nach dem Essen in unsere Schlafgemächer.

Als wir gestern früh aufgewacht waren, packten wir schnell unsere Sachen zusammen und brachen früh in Richtung Kigoma auf. Geschlagene zwölf Stunden verbrachten wir on the road. Landschaften wechselten im Stundenrhythmus.

Platte Prärie, sandige Serpentinen und holprige Hügelstraßen zogen an uns vorbei. Wir hielten an, fotografierten, drehten Videos und fühlten uns wie Indiana Jones. Der Untergrund wurde immer unberechenbarer. Hinter Kurven lauerten Sandkuhlen von ungeahnter Tiefe und kleine Kieselsteine wurden zu felsigen Brocken. Timo stürzte drei Mal im Sand, ich legte mich ein Mal aus Solidarität dazu und kippte abermals im Stand am Hang um. Alle Bodenberührungen verliefen harmlos, da sie bei geringen Geschwindigkeiten passierten. Dennoch spürten Kopf und Körper die Belastungen und wir waren heilfroh, als wir bei einbrechender Dunkelheit im Katavi National Park einfuhren.

Nur fünf Minuten später verließen wir das einsame Camping-Areal jedoch wieder, weil wir uns weigerten, 30 USD pro Person an einen umherlaufenden Ranger zu zahlen. Auf dem Rückweg kreuzte mit einem Mal ganz unverhofft eine Giraffenfamilie keine zehn Meter vor mir die Straße. In Ehrfurcht erstarrt, schafften weder Timo noch ich unsere Kamera zu ziehen. Wilde Tiere so nah – einfach wow!

Wenige Meter außerhalb des Nationalparks durften wir dann für die üblichen 5 USD in der Nähe eines Nilpferd-

Pools unser Zelt aufschlagen. Treffenderweise hieß der Spot „Hippo-Pool-Camping“. Das war schon irgendwie irritierend, denn ich meinte mich daran zu erinnern, dass Hippos die gefährlichsten Tiere Afrikas sind und mehr Menschen durch Nilpferd-Attacken sterben als durch alle anderen Tiere in Afrika zusammen. Wir fragten also kurz bei einem weiteren Ranger nach und der bestätigte uns unsere Einschätzung. Zugleich versicherte er jedoch, dass die Nilpferde die Böschung bis zu den Zelten nicht erklimmen könnten. Naja, wir hofften, dass die Hippos sich daran halten mögen und keine „Räuberleiter“ einstudiert hatten.

Abends saßen wir noch lange mit dem Ranger am Feuer, vernichteten die letzten Biervorräte, stellten den Wecker auf 5.30h und schliefen erschöpft ein.

Heute früh nach dem Aufwachen bauten wir in Rekordzeit alles wieder ab und fuhren in den noch immer selben Klamotten mit dem Ziel Kigoma zu erreichen, los. Der Ranger von gestern prophezeite uns 80km tiefen Sand, der Rest der Strecke sei okay (was auch immer das heißt). Frohen Mutes fuhren wir also los und stoppten in Mpanda, dem ersten größeren Ort, zum Frühstück. Es gab Rührei, Kaffee und Brötchen. Was will man mehr? Unsere Bikes wurden getankt und die Mägen gefüllt.

Auf ging es in die letzte Etappe. Mal fuhr Timo vor, mal ich. Es war immer dasselbe: Der Hintere fraß den Staub des Vorderen und musste als Belohnung für dieses Opfer nicht als Erster in ungewisse Situationen brettern. Der Vordere hatte freie Sicht und übernahm die Rolle des „Versuchskaninchens“.

Als Hinterer konnte man faszinierende Videoaufnahmen machen, da jedes Mal, wenn der Vordere den feinen Pudersand unter die Räder bekam, es so aussah, als würden Millionen Mehlsäcke explodieren. Die Umgebung wurde durch diesen aufgewirbelten Sand komplett verhüllt, interessante Licht- und Schattenspiele fanden statt und nach wenigen Sekunden war wieder alles wie vorher. Als Hinterer konnte man also meistens rechtzeitig vor den Sandpassagen bremsen.

Dieses rechtzeitge Bremsen ist ein ungemeiner Vorteil, denn wenn man erst einmal mitten in einer Sandgrube ist, so ist Bremsen die „Aktion Fatale". Frei zitiert aus unserem Enduro-Training:

„Wer bremst, löst eine Gewichtsverschiebung nach vorne aus und wird unweigerlich die Kontrolle verlieren. Wenn die Maschine im Sand schlingert, „muss" man Gas geben, um sie wieder in die Spur zu bringen."

Sandfahren ist eine Kopfsache, alle sagen es und alle haben Recht. Doch egal, ob wir den Kopf aus- oder anschalteten, wir legten, oder besser zerlegten uns permanent. Egal wer vor- und wer hinterherfuhr, vor dem Sturz war nach dem Sturz. Mal legte sich nur der Vordere von uns, mal legte sich der Hintere aus Solidarität oder Missgeschick dazu. Bis 15 Uhr lagen wir jeweils fünf Mal im Dreck und stemmten jeweils fünf Mal die 250kg schwere beladene Maschine hoch. Eine Tonne Gewicht stemmen ging nicht spurlos an uns vorüber.

Unsere Körper ermüdeten, wir brauchten eine Pause. Diesem Wunsch folgend öffneten wir unser Gepäck und uns ereilte die dümmste Erkenntnis des Trips: Wir hatten beim Frühstück in Mpanda vergessen unsere Wasservorräte aufzufüllen. Übrig geblieben waren ca. 500ml in unseren Camelbaks. Klar, wir hatten zwar Micropur-Tabletten dabei. Damit könnten wir binnen vier Stunden aus Flusswasser Trinkwasser aufbereiten und wir kamen auch noch an genügend Flüssen vorbei. Doch hilft dies alles nicht wirklich bei akuter Erschöpfung. Das nächste Dorf war 150km entfernt, wir mussten weiter.

Wir wechseln wieder, ich fuhr vorweg. Im Rückspiegel sah ich nichts außer meinem eigenen Sandwirbel. Meditativ schwor ich mich mit lauten Anweisungen unterm Helm auf Durchhalten ein: „Noch drei Stunden, komm schon, reiß dich zusammen, wir haben es bald geschafft, vorsicht Kuhle, ah Scheiße war das knapp, weiter jetzt, beiß die Zähne zusammen, lehn dich zurück, denk an die Armhaltung, unterdrück den Schmerz im Rücken, ignorier die verkrampfenden Hände, denk an was Schönes, stell dir vor, wie es jetzt bei deiner Süßen wäre, oh verdammte Schlaglöcher, konzentriere dich endlich auf diese Horrorpiste, usw. “. Es waren die immer selben Sätze, die ich vor mich hinbrabbelte.

Timos schwache Stimme aus dem Funkgerät riss mich aus den Gedanken: „Ich glaube, du musst zurückkommen“. Zurück? Wohin, warum, was meinte er? Der sandige Nebel im Rückspiegel senkte sich, ich blicke auf 400m leere Piste bis zur nächsten Kurve und funkte: „Timo, wie meinst du das und wo bist du?“ 24, 23, 22. Drei Sekunden vergingen wie eine Ewigkeit. Keine Antwort kam aus dem Funk. Inzwischen stand ich neben meinem Bike. Mein Helm war längst ab, das Funkgerät abgekoppelt und auf Handbenutzung umgestellt.

Ich rannte durch 30cm hohen Sand zurück, funkte Timo an, bat um ein einzelnes Wort und lauschte in eine Stille, die mich unerträglich anschrie. Knapp 200m war ich mit meinen Stiefeln durch den tiefen Sand vorangekommen, da tauchte wie aus dem Nichts ein Einheimischer in der Kurve auf und winkte wild gestikulierend in meine Richtung.

In diesem Moment setzte Panik in mir ein, Kopfkino begann: Timo unter seinem Bike begraben, Timo mit offenen Wunden oder gebrochenen Gliedmaßen. Ich rannte um mein Leben aus Angst, es würde um seines gehen. Am Scheitelpunkt der Kurve wurde der Blick auf die Szenerie frei. Timos Bike stand auf der Rückseite, der Koffer am Fuße einer Böschung. Er selbst stand leicht gekrümmt daneben. Der Einheimische war sich unschlüssig, was zu tun war und stand irgendwo in der Mitte zwischen uns. Ich stoppte, mein Herz schlug mir bis zum Hals und ich hörte mich sagen: „Warum antwortest du Idiot mir nicht, ich dachte es wäre sonst etwas passiert!“

Doch Timo war nicht nach Antworten zu Mute. Er stand vollkommen bleich neben sich und neben seinem Bike, würgte und spuckte. Dehydration, Sonnenstich und körperliche Schwäche hatten ihn abseits der Piste landen lassen. Als er die Kontrolle über das Bike verlor und die Böschung hochgerast war, kam er hinter dem Motorrad auf die Beine und hatte eine volle Ladung Abgase eingeatmet. Solange er den Würgereiz noch unterdrücken konnte, hatte Timo sich den Helm abgerissen und das Funkgerät dabei abgestöpselt. Deshalb hatte ich keine Antwort von ihm erhalten.

Unsere Wasservorräte waren inzwischen vollkommen aufgebraucht. Doch wir hatten Glück im Unglück. Noch während wir uns in den Schatten eines umstehenden Baumes verkrochen, kam aus der Ferne ein LKW in unsere Richtung. Wir hielten ihn an, fragten nach Trinkwasser und erhielten eine noch verschlossene Flasche Wasser, die wir nicht einmal bezahlen durften.

Hilfsbereitschaft kennt weder Ländergrenzen noch Gewinnbestrebungen. Zwei Energieriegel und 20 Minuten später waren wir wieder back on the road. Die Straße schien besser zu werden und ich konnte mit sicheren 50km/h vorweg fahren.

Lag das Schlimmste endlich hinter uns? Noch während ich darüber nachdachte, fing mein Bike an zu schlingern. Der trügerisch sichere Kies war lediglich eine hauchdünne Schicht auf schier endlosen Sandmassen. Ich war viel zu schnell, um kontrolliert zu stürzen. Also hob ich meinen Arsch aus dem Sattel, fuhr im Stehen, drehte am Gashahn und versuchte Stabilität zu finden. Der Motor johlte auf, Kolben hämmerten in immer schnellerem Takt im Zylinder. Mein Hinterrad drehte durch und tauchte neben mir auf, ungewollt wie in „Tokio Drift". Ich befahl mir: „Beine an den Tank, das Äußere belasten, Gewicht zurück."

Meine Worte flossen durch das Gehirn in die Muskelstränge. Die Motorik gehorchte, doch die Maschine schleuderte von rechts nach links und zurück. Der Sand unter mir wurde zu Staub, ich bekam einfach keinen Grip. Angst stieg auf, ich versuchte irgendwie wieder Geschwindigkeit rauszunehmen und das Bike zu stabilisieren. Retrospektiv weiß ich nicht wann und warum, aber ich flog in hohem Bogen über den Lenker.

Der Aufprall war trotz des sandigen Untergrunds verdammt hart. Fußspitzen, Knie, Ellenbogen, Kopf. Einhundertundachtzig Zentimeter schlugen volle Breitseite auf und kamen nach entsprechender Rutschpartie zum

Erliegen. Durchatmen, Abtasten. Alles dran, scheiße das war heavy! Der Helm war auf einer Seite zerkratzt, die Helmkamera in allen Scharnieren verbogen. Ein Seitenkoffer wurde aus seiner Halterung gerissen, verlor den Boden und war völlig deformiert. Die seitlichen Stahlträger hatten das Kräftemessen gegen diese Plastikverkleidung gewonnen und diese weiter eingedrückt und zerdrückt.

Das war gefährlich und das hätte böse enden können. Aber hätte das auch vermieden werden können? Den ganzen Tag mit Tempo 20 durch die Prärie zu fahren, ist doch auch irgendwie keine Lösung. Wir waren ratlos, geschockt, völlig erschöpft und unfähig eine Antwort auf diese Frage zu finden. Also improvisierten wir, um überhaupt weiterfahren zu können. Der Koffer wurde mit roher Hammergewalt ansatzweise in die ursprüngliche Form gebracht, sein Boden mit einem Spanngurt befestigt und der Rest erstmal so gelassen, wie es war.

Je schlechter es dem einen von uns ging, desto stärker wurde der andere und daher übernahm Timo nach meinem Sturz wieder die Führung. Die Erschöpfung zermürbte uns beide, weitere harmlose Stürze und Ermüdungsumfaller folgten. Insgesamt lag ich neun Mal ungewollt im Dreck, Timo kam auf sieben Mal. Wir schafften es kaum mehr, die Maschine zu halten, alles tat weh. Muskeln übersäuerten und krampften. Dunkelheit brach über uns herein. Kigoma war längst nicht mehr unser Ziel, wir wollten lediglich Uvinza, die nächste Stadt, erreichen. Die letzten 90 Minuten Fahrt erlebte ich wie in Trance.

Alle Unterkunftsmöglichkeiten in Uvinza waren ausgebucht, doch zum zweiten Mal an diesem beschissenen Tag erfahren wir die Weiten der Gastfreundschaft. Der Besitzer eines der Gästehäuser konnte kaum glauben, von wo wir angereist waren und bot uns an, mitsamt unseren Bikes in seinem abschließbaren Hinterhof zu nächtigen. Wir nahmen dankend an und liegen jetzt hier.

Timo murmelte mir gerade noch zu, dass er, wäre er alleine unterwegs gewesen, mehrfach heulend am Wegesrand gesessen hätte. Mir geht es nicht anders. Es bleibt das Grauen, morgen die letzten 120km nach Kigoma auf der selben Straße meistern zu müssen. Acht Wörter schwirren in meinem Kopf:

From this point on, we only get tougher…

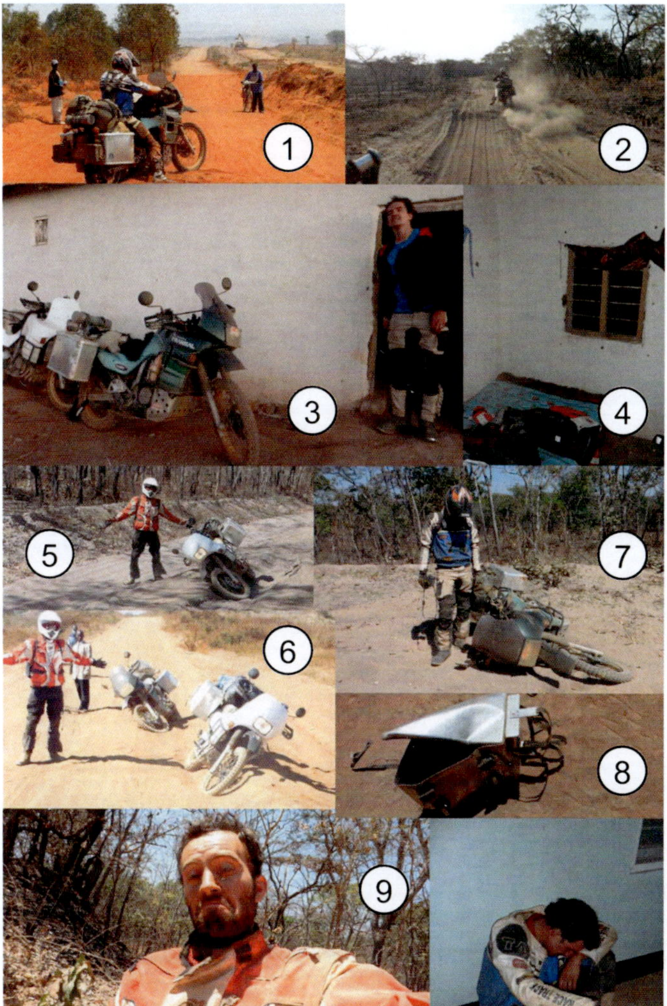

1,2: Der Dirtroad-Horror beginnt
3,4: Übernachtung im Nirgendwo
5-8: Stürze, Stürze, Stürze
9,10: Totale Erschöpfung

Strand mit Wellen, Werkstatt und Wäscherei

Mittwoch, 19.08.2010, Tag 20, Kigoma, Tansania

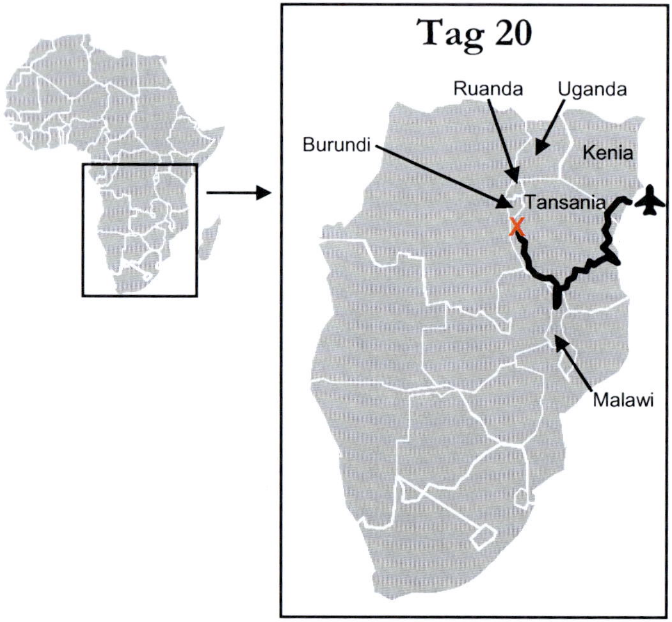

„Noch etwas Rührei mit frischen Tomaten?" fragt der Eine. „Klar, gerne. Darf ich dir die aufgeschnittene Ananas reichen?" entgegnet der Andere. Der Eine und der Andere, dass sind Timo und ich, wohlgenährt, leicht gebräunt und äußerst zufrieden an unserer Frühstückstafel am paradiesisch anmutenden Jacob Beach in Kigoma. Die Qualen der Anreise wurden von den Wellenschlägen des Lake Tanganyika weggespült. Schön, dass wir kein Elefantengehirn haben. Die Erinnerungen an die vorherigen Tage werden verblassen, während wir bei steigenden Temperaturen langsam an Farbe dazugewinnen.

Vorgestern sind wir mit dem Gefühl verprügelt worden zu sein in dem kalten Hinterhof in Uvinza aufgewacht und konnten die letzten 120km Dirtroad ohne Zwischenfälle hinter uns bringen. Wie die Landschaft war? Ob wir durch Dörfer oder Einöde gefahren sind? Ich weiß es nicht mehr. Angetrieben von dem Ziel endlich ankommen zu wollen, fuhren wir mit Tunnelblick in trance-ähnlichem Zustand.

Geweckt wurde das Bewusstsein erst vom Geschrei unzähliger Kinder, die unmittelbar nach Schulschluss unsere Dorfdurchfahrt zur Bucht des Jacob Beach begleiteten. Wir fanden ein ansonsten menschenleeres Stück Natur, in dessen Mantel aus Geborgenheit wir für jeweils 5USD pro Person campieren dürfen.

Gut geht´s uns hier. Die abgelegene Bucht wurde kurzer Hand in die schönste Waschmaschine der Welt umfunktioniert und wäscht die letzten Spuren unserer Tortour aus unseren Klamotten. Schnelle Internetcafes laden dazu ein, die ersten Fotos unseres Trips ins globale Netz zu stellen und unseren eigenen Blog mit all den lustigen Gästebucheinträgen zum ersten Mal selbst aufzurufen - danke Dir, Stefan!

Timo und ich haben das Gefühl, dass uns nach den letzten Tagen nichts mehr aus der Ruhe bringen kann. Weder die nervigen, dreisten Affen, die unser Frühstück klauen, noch die Kanüle, die sich in mein Hinterrad bohrte und uns zum ersten Schlauchwechsel dieser Reise zwang.

Wir beide müssen ein lustiges Bild abgeben haben, als wir gestern den ganzen Tag in Badehose um unsere geschundenen Bikes wuselten und sie mit liebevoller Hingabe wieder herrichteten:

Seitenkoffer wurden mit präziser Genauigkeit und roher Gewalt in einen Zustand nahe ihrer Ursprungsform gezwungen. Timos Blinker erfreuten sich einer patentwürdigen Halterung und ich fand die Muße, meinen Lenkerschnickschnack wie Schaumstoffummantelung der Schalthebel und verstärkte Handgriffe zu montieren. Auch der Radausbau, Schlauchwechsel und das Spannen der Kette ging leicht von der Hand.

Wir waren durchaus stolz auf uns und Timo stellte außerdem abends noch seine Kochkünste unter Beweis. Avocado, Zwiebeln, Zitrone und Tomaten vereinten sich zu einer super leckeren Guacamole. Welch ein Gaumenschmaus im Vergleich zu den sonst immer gleichen Zwischenmahlzeiten aus Bohnen und Reis. Der Magen bedankte sich.

Gestern gab es zudem Balsam für die Seele. Im Ort begegneten uns zwei attraktive Südländerinnen – deren Blicke und Lächeln gingen runter wie Öl. Wahrscheinlich auch gerade deshalb, weil die einheimischen Frauen meistens mit einer Mischung aus Schüchternheit, Scham und Devotheit auf unser oft überraschendes Auftauchen reagieren. Unsere Freundinnen zu Hause wird es freuen, dass wir die beiden Mädels aus den Augen und aus dem Sinn verloren. Stattdessen trafen wir in der Bank zwei männliche Russen, die auf ihrem Weg in den Kongo waren. Wir hingen den Nachmittag gemeinsam ab und quatschten über Gott und die Welt.

Danach machten Timo und ich uns an die Detailplanung unseres Ausfluges nach Ruanda und Burundi. Uganda und den Äquator werden wir unberührt lassen müssen, um am nächsten Mittwoch rechtzeitig für die wöchentliche Fähre Richtung Sambia wieder hier zu sein. Diese Fähre auf dem Lake Tanganyika ist die einzige Alternative zu der Horrorroute des Hinwegs und laut Mark aus Malawi soll es eine fantastische Fahrt unter freiem Himmel sein. Für diese beiden Gründe kann man auch auf die eigentlich geplante Äquatorüberquerung verzichten.

Aufgrund dessen, dass es sowohl in Burundi als auch in Ruanda angeblich keine Geldautomaten gibt, mussten wir heute noch einige Dollar in der örtlichen Bank wechseln. Was dann passierte, werde ich Timo wahrscheinlich ewig unter die Nase reiben. Timo hatte ein kleines Missverständnis mit der Bankangestellten, die ihn seiner Meinung nach ständig auf die Einwanderungsbehörde und von dort ausgestellte Formulare verwies. Steif und fest behauptete er, dass wir mit der Visa-Karte nicht an Geld kommen.

Also machten wir uns auf den Weg zur Einwanderungsbehörde und trafen auf einen Beamten, der uns schenkelklopfend erläutert, dass wohl ein Missverständnis beim Wort „Visa“ vorliegt. „Visa“ kann nun Mal entweder „Visum“ oder „Kreditkarte“ bedeuten…

Natürlich bekommt man in der Bank Geld ohne irgendwelche Formulare der Einwanderungsbehörde. Wir machten uns also zurück auf den Weg zur Bank und wenig später waren wir um 600USD und eine Erfahrung reicher. Dem morgigen Start in den Norden steht nun nichts mehr im Wege.

1 Genozid, 2 Länder, unendliche Kurven

Dienstag, 24.08.2010, Tag 25, Kigoma, Tansania

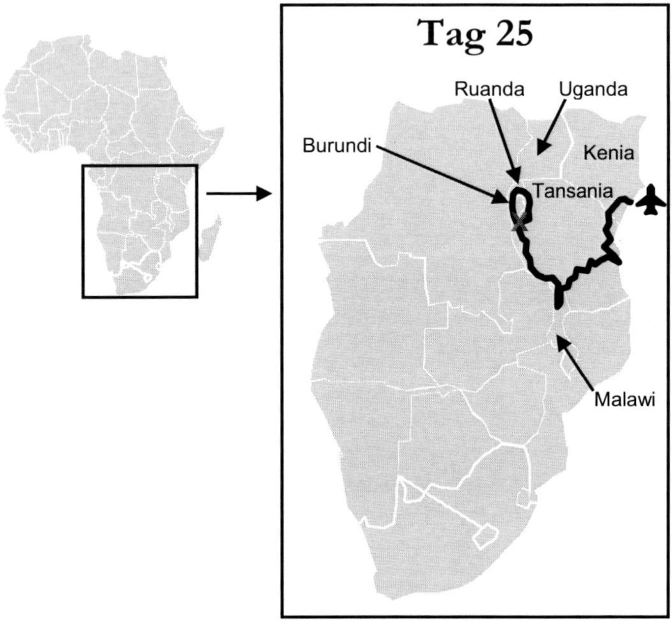

Kigoma? Kigoma! Immer noch Kigoma? Nein, schon wieder Kigoma! Timo und ich sind zurück von unserer Schleife durch Ruanda und Burundi, sitzen auf der Veranda der High Tech Lodge, trinken kaltes Bier und bestaunen die Fotos der letzten Tage.

Freitag haben wir 340km Dirtroad ohne auch nur einen Sturz bis Nyakanazi im Norden Tansanias hinter uns gebracht. Unterwegs wurden wir von einigen Locals zum „Wheelie" aufgefordert – Charlie Borman, wir danken dir.

Auch ohne Sturz und Biketricks war die Fahrt eine Belastung. Timo war sichtlich genervt von den Schmerzen seiner nach einem Splitterbruch vor eineinhalb Jahren nicht vollständig verheilten Hand und ich war genervt von seiner ansteckend schlechten Laune. So kehrten wir vor drei Tagen ungewohnt missmutig im Buzzi Guesthouse ein.

Als hätte es das Schicksal am folgenden Tag auf ausgleichende Gerechtigkeit abgesehen, tauschten Timo und ich unsere Launen. Timo erfreute die Welt Samstagmorgen mit einem breiten Grinsen, während ich fluchend vor einem Straßencafe kopfüber unter meiner Maschine lag und meinen abgelösten Motorschutz neu montierte. Doch es blieb nicht bei diesem einen Anlass für schlechte Laune. Im Laufe des Tages bekam ich stechende Schulterschmerzen, die ich dank Timos Medizincocktail zwar lindern, aber nicht verhindern konnte. Meine Laune war gänzlich im Keller und wir fuhren stillschweigend durch die Prärie.

Mit dem Grenzübertritt nach Ruanda tauschten wir unser Sprachgewand aus Englisch und Kisuaheli gegen rudimentäres Schulfranzösisch und wechselten zudem von der linken auf die rechte Straßenseite. Welch abstruser Moment.

Wir fuhren auf der linken Straßenseite an die Schranke heran, passierten sie und fuhren dann auf der rechten Straßenseite weiter. Der Grenzübertritt selbst liegt an einem Wasserfall und ist ungewohnt idyllisch. Zudem berechtigt die deutsche Staatsbürgerschaft zur kostenlosen Einreise und minimiert somit die Grenzbürokratie – zumindest für uns beide.

Unmittelbar nach der ersten Kurve blickten wir auf vernebelte Reisfelder und fühlten uns wie auf einem anderen Planeten. Hätte man mich hier ausgesetzt, so hätte ich auf Vietnam, aber nicht auf Afrika getippt. Staunend fuhren wir weiter und erlebten nach 200km den nächsten unerwarteten Szeneriewechsel.

Kigali, die Hauptstadt Ruandas, zeigte sich bereits aus der Ferne mit dicht bevölkerten Berghängen und Hochhäusern westlichen Standards. Auf den Straßen bewegte sich eine stylisch gekleidete Generation mit MP3-Player im Ohr. Wir waren völlig erschlagen von einem zivilisatorischen Ausmaß, das wir so nicht erwartet hätten.

Die Abermillionen von Entwicklungsgeldern, die die westliche Welt als Wiedergutmachung für das Wegschauen beim Massenmorden aus 1994 seitdem ins Land pumpt, zeigten ihre Wirkung. Aber Campingplätze? Einfache Gästehäuser? Fehlanzeige! Wir landeten für 65USD in einem Doppelzimmer im Okapi Hotel. Dafür bekamen wir jedoch auch einiges geboten: Sicheres Parken der Bikes, Blick über die Stadt, die erste heiße(!) Dusche mit mehr als drei Tropfen in der Minute und Pizza-Service auf´s Zimmer.

Direkt am ersten Abend trafen wir auf den Zimmerjungen Blaise. Er war in unserem Alter, hatte beide Elternteile im Genozid der 90ziger Jahre verloren und redete permanent von seinem Traum, einen eigenen Pediküre/Maniküre Laden zu eröffnen. Wir wussten wenig auf diese ungeahnte Offenbahrung zu sagen und schweiften auf das Thema Fußball ab.

Doch Blaise war kein Sportfan und wollte lieber übers Tanzen reden. Erneut hatten wir nicht wirklich etwas zur

Diskussion beizutragen und klapperten weitere Themengebiete ab. Den gemeinsamen Nenner fanden wir dann endlich in der Diskussion über die aktuelle politische Lage Ruandas. Dabei gewannen Timo und ich den Eindruck, dass Präsident Paul Kagame im Vergleich zu anderen afrikanischen Staats- und Regierungschefs definitiv einer der „Besseren" ist.

Stolz erzählte uns Blaise, dass Dank Kagame die Bildung kostenlos ist und auch die Gesundheitsversorgung immer weitreichender wird. Beides waren für Blaise auch die entscheidenden Gründe, um Kagane bei der Wahl vor zwei Wochen wiederzuwählen.

In der Stadt hängen Plakate mit der Aufschrift „Vision 2020", ein Rahmenplan für Wirtschaftswachstum, Modernisierung der Landwirtschaft und Ausbau des Dienstleistungssektors.

Es waren spannende Gespräche für Timo und mich. Wissbegierig saugten wir die Infos auf. Nachdenklich brütete ich abends über dem, was der Reiseführer zu Ruanda preisgibt. Unser Bild aus der Hauptstadt gilt bei weitem nicht für das gesamte Ruanda und mir lief es beim Lesen der Gesundheitsdaten aus 2004 eiskalt den Rücken herunter:

Eine Frau bringt im Durchschnitt 5–6 Kinder zur Welt. Es bestehen deswegen Pläne auf politischer Ebene zur Einführung einer „Drei-Kinder-Politik". Auf einen Arzt kommen 25.000 Einwohner. Die durchschnittliche Lebenserwartung beträgt rund 46 Jahre. Nur 31 % der Frauen nehmen Gesundheitsdienste bei der Geburt in Anspruch. 24 % der unter 5-jährigen Kinder sind fehlernährt. Die Sterblichkeit der unter 5-jährigen Kinder beträgt etwa 20 %.

Am Sonntagmorgen setzten wir uns dann mit dem dunkelsten Abschnitt der Geschichte Ruandas, dem Völkermord aus 1994, auseinander. Im Genozid-Memorial versuchten wir zu verstehen, wie es vor 16 Jahren dazu kommen konnte, dass über eine Million Menschen, 1/8 der Bevölkerung Ruandas, auf grausame Art und Weise ermordet wurden. Wir wurden mit modernen Audio-Geräten ausgestattet und begannen die Reise in die Vergangenheit mit Eindrücken zur Historie Ruandas.

Bereits zu Beginn der Kolonialherrschaft um 1900 begannen die Deutschen mit der Teilung des bis dato einheitlichen Volkes in Ruanda. Die Trennung der Bevölkerungsgruppen in überlegende Viehzüchter (Tutsi) und unterlegene Ackerbauern (Hutu) wurde forciert. Im Verlauf des Ersten Weltkriegs übernahmen dann die Belgier die Macht in Ruanda und blieben bei der auferlegten Differenzierung zwischen Hutu und Tutsi. Als Kriterium zur Rasseneinteilung genügte die Anzahl Rinder (größer 9 = Tutsi, kleiner 9 = Hutu) oder aber die Körpergröße, Nasenlänge, etc. Hutu wurden als „Untergebene“ der Tutsi behandelt. Da sie jedoch die Mehrheit der Ruander stellten, barg dies ein erhebliches Eskalationspotential und so begann Belgien in den 50er Jahren damit, Hutu in die Verwaltung Ruandas einzubinden.

Daraufhin wurden Ängste der Tutsi vor einem baldigen Machtverlust geweckt. Gegenseitiges Misstrauen wuchs und die Hutu reaktivierten die Geschichte ihres langen, mutigen Kampfes gegen die erbarmungslosen Unterdrücker der Tutsi.

In den 90er Jahren entwickelte sich dann eine Rhetorik gegen die Tutsi, die die Verfolgung und Vernichtung dieser Gruppe vorbereitete. Über Radio und Zeitungen wurde berichtet, dass die Tutsi angeblich die Vernichtung der Hutu planen würden. Ein kollektiver Präventivschlag der angeblich bedrohten Hutu sei darum unvermeidlich.

Auch wenn Timo und ich die aufbewahrten Zeitungsartikel nicht lesen konnten, ihre Karikaturen sprachen eine eindeutige Sprache. Strichzeichnungen zeigten Bäume (aufgrund der Größe ein Synonym für Tutsi), die mit Macheten niedergemetzelt wurden. Anstelle von Ästen waren kleine Kinderköpfe zu sehen und auch diese wurden nicht verschont. Die englischen Erläuterungen zu den Bildern erklärten, dass der Tötungsaufruf immer mit dem Begriff „Umuganda" gerechtfertigt wurde. Wörtlich übersetzt bedeutet Umuganda „gemeinnützige Arbeit".

Als die Saat des Hasses endgültig auf fruchtbaren Boden fiel, verteilten ab 1993 die Soldaten und politischen Führer derart viele Schusswaffen und Macheten an die Bevölkerung, bis ca. jeder dritte erwachsene Hutu bewaffnet war.

Eskaliert ist die Situation am 06. April 1994, als das Flugzeug des damaligen Präsidenten Habyarimana abgeschossen wurde und dieser dabei ums Leben kam. Systematische Säuberungsmärsche begannen. Fotos an den Wänden im Memorial Centre dokumentieren Angreifer, die Handgranaten in Menschenmengen warfen und Bauern, die noch lebende Opfer mit Hiebwaffen töteten. Zufluchtsorte wie Kirchen wurden ausgeräuchert. Die Zahl der Opfer betrug nach zwei Wochen angeblich 250.000. Dies ist dieselbe Anzahl an Menschen, die unter dem Memorial Centre begraben liegt.

Die im Memorial Centre geäußerten Vorwürfe an die Weltgemeinschaft sind hart. „Wochenlange Inaktivität der entscheidenden internationalen Akteure hätte eine Mitverantwortung der Weltgemeinschaft für den Völkermord zur Folge", heißt es dort knapp. Anstatt zu intervenieren, zog der Westen sich aus Ruanda zurück. Selbst die UN-Blauhelmsoldaten wurden reduziert. Anscheinend hatte die westliche Welt die damalige Situation völlig fehlinterpretiert.

Schweigend schritten Timo und ich durch die Räumlichkeiten. Videoaufnahmen von Zeitzeugen ergriffen uns. Schließlich sind diejenigen, die dort sprachen, genauso alt wie wir. Die Ausstellung ist absolut schonungslos. Im nächsten Bereich waren die verschiedenen Tötungsformen kommentiert. Beklemmung stieg in uns auf. Die Bilder, die wir sahen, waren grauenhaft. Die Wörter, die wir lasen, waren noch grausamer, da sie Bilder im eigenen Kopf produzierten:

Die Täter warfen die Leichen in Flüsse oder Seen, beseitigten sie in Massengräbern, stapelten sie am Straßenrand oder ließen sie am Tatort liegen. Einige Täter trennten die Körperteile ihrer Opfer nach und nach ab, um ihnen lang anhaltenden und großen Schmerz zuzufügen. Eine verbreitete Foltermethode gegen Tutsi war das Abhacken von Händen und Füßen. Dahinter stand nicht allein die Absicht, Fluchtversuche zu erschweren, sondern auch der Gedanke des „Zurechtstutzens" groß gewachsener Menschen. Teilweise wurden Opfer aufgefordert, ihre eigenen Ehepartner oder Kinder umzubringen. Kinder wurden vor den Augen ihrer Eltern erschlagen. Blutsverwandte wurden von Tätern zum Inzest untereinander gezwungen. Menschen wurden gepfählt oder zum Kannibalismus genötigt. Größere Menschenmengen wurden häufig zusammengetrieben und in Gebäuden lebendig verbrannt oder mit Hilfe von Handgranaten getötet. Oft mussten sich die Opfer vor ihrer eigenen Tötung nackt ausziehen. Dies sollte sie demütigen und zudem war die Kleidung für die Mörder so weiter verwendbar.

Wer macht so etwas? Und was ist aus den Tätern geworden? Immerhin sind diese Grausamkeiten erst einige Jahre her. Auch dieser Frage wird in dem Centre auf den Grund gegangen.

Die Zahl der Täter, die einen oder mehrere Morde begingen, wird auf ca. 200.000 geschätzt. Das entspricht einem Anteil von etwa acht Prozent der damaligen erwachsenen Hutu beziehungsweise 17 Prozent der männlichen erwachsenen Hutu.

Mein Gott, dass bedeutet, dass fast jeder fünfte Hutu über 40 Jahre, der mir auf der Straße begegnet, ein Mörder ist. Die Vorstellung ist surreal. Uns ging die Zahl nicht aus dem Kopf. Wir schauten uns um und zählten die Umstehenden. 1,2,3,4, Mörder, 6,7,8,9, Mörder und so weiter.

Und danach? Wurden Täter verurteilt und Opfer entschädigt? Wie können die beiden Lager heute Seite an Seite leben? Wie urteilt man über Vorkommnisse derartiger Grausamkeit? Der letzte Part des Memorials beleuchtet diese Fragestellungen und ich las abends noch einiges dazu im ausnahmsweise verfügbaren Internet auf Wikipedia und Co nach:

Der Internationale Strafgerichtshof für Ruanda (ICTR) erhebt gegen den exklusiven Kreis hochrangiger Planer und Organisatoren des Völkermords Anklage. Kritiker halten dem Strafgerichtshof jedoch Ineffizienz vor. Seit der Aufnahme seiner Tätigkeit im November 1995 sprach er bis Ende März 2009 gegen 29 Personen Urteile, sieben Verfahren befanden sich Ende März 2009 in der Berufung, während Prozesse gegen 22 weitere Angeklagte liefen.

Zu der Kritik an mangelnder Effizienz kommt der Vorwurf einer ungenügenden Öffentlichkeitsarbeit hinzu. Kaum jemand in Ruanda und im Ausland interessiere sich für die Prozesse. Der Großteil der Täter bleibt der nationalen Gerichtsbarkeit Ruandas überlassen, der zweiten Ebene der juristischen Behandlung des Genozids. Diese ist aber aufgrund der großen Fallzahl nicht in der Lage, für zeitnahe Gerichtsverhandlungen zu sorgen. Bis 2004 hat es durch ordentliche ruandische Gerichte etwa 10.000 Urteile gegeben, ein Fünftel davon waren Freisprüche, 10 Prozent Todesurteile.

Seit 2005 finden daher Völkermordprozesse landesweit in so genannten „Gacaca-Gerichten" statt. Zentrales Ziel der Schaffung dieser dritten Ebene ist die Beschleunigung der Völkermordprozesse und die Bewältigung ihrer großen Zahl. Sozial anerkannte, gewählte Laienrichter urteilen hier in öffentlichen Versammlungen. Es müssen mindestens 100 Erwachsene anwesend sein und der rechtliche Rahmen dieser „Laien-Gerichte" ist klar definiert.

Derzeit gibt es in Ruanda zirka 10.000 solcher Gerichte. Täter und Opfer sollen das Geschehen rekonstruieren. Das Leid der Opfer soll in den Verhandlungen öffentlich sichtbar gemacht werden. Hutu und Tutsi sind dabei nach Möglichkeit miteinander zu versöhnen. Anfangs wurden diese Gerichte scheinbar geradezu euphorisch von der Gesellschaft angenommen. Inzwischen herrscht Ernüchterung, denn oftmals kommt das notwendige Gremium von 100 erwachsenden Anwesenden nicht zusammen. Häufig werden die Leiden der Tutsi nicht von den Hutu anerkannt. Hutu fühlen sich kollektiv angeprangert. Häufig können Entschädigungen für Opfer schlichtweg nicht gezahlt werden. Viele Opfer können sich offenbar nicht an den genauen Tatablauf erinnern, was eine sichere Zuordnung von Gewalttaten zu einzelnen Personen oft unmöglich macht.

Interessant ist auch, dass in Ruanda öffentlich nur von „Banyarwanda“, von Ruandern, nicht mehr von Tutsi oder Hutu gesprochen werden darf. Wer mit Bezug auf die Gegenwart mit ethnischen Begriffen argumentiert, kann wegen „Divisonismus“, also der gezielten Spaltung der Bevölkerung, angeklagt werden.

Als wir Blaise nach unserem vierstündigen Aufenthalt im Memorial Centre trafen, fragten wir ihn, ob wir uns mit ihm über das soeben Erlebte unterhalten können. Trotz seiner eigenen tiefen Wunden, dem Verlust seiner Eltern und Geschwister, sprach er offen mit uns.

Am meisten waren Timo und ich von der Tatsache fasziniert, dass er nicht an Rache denkt und seinen Präsidenten mit folgenden Worten zitierte: „Wir sind ein gemeinsames Ruanda, wir müssen ein Umfeld aufbauen, indem niemand es schafft, einen künstlichen Keil zwischen uns zu rammen. Der Genozid darf sich nicht wiederholen.“

Gestern ging es für uns dann weiter nach Burundi, in ein Land vor dessen Einreise das Auswärtige Amt gelegentlich warnt. Die Militärpräsenz war allgegenwärtig. Ein ungewohntes Bild zeichnete sich vor unseren Augen ab, ein mulmiges Gefühl belagerte die Magengegend. Wir begegneten einem Riesenkonvoi der UN und wurden abermals daran erinnert, dass der aktuell erreichte Frieden noch in der Stabilisierungsphase ist.

Der Konflikt in Burundi ist mit dem in Ruanda vergleichbar und kostete seit 1993 angeblich 250.000 Menschen das Leben. Das Land ist wirtschaftlich extrem heruntergekommen und unser Reiseführer verweist darauf, dass es inzwischen laut Welthungerindex das am stärksten von Hunger betroffene Land der Welt ist. Während uns die Bewohner abgelegener kleiner Dörfer frenetisch zujubelten, fanden wir in der Hauptstadt Bujumbura nur äußerst mühsam Personen, die gewillt waren, sich mit meinem zu 80% vergessenen Schulfranzösisch auseinanderzusetzen.

Irgendwie schafften wir es dennoch, dem Lonely-Planet-Geheimtip zu folgen und in einer französischen Bulangerie zu landen. Bei Croissants und Cafe au lait genossen wir eines der besten Frühstücke der bisherigen Reise. Gedankenverloren schweiften unsere Blicke durch den Raum. So wirklich konnten Timo und ich nicht begreifen, dass wir in der letzten Woche eine dreitägige Offroad-Hölle und die ergreifenden Einblicke zum Genozid erhalten hatten. Das alles in sieben Tagen war ein bisschen zu viel für unsere Köpfe – wir waren geflasht. Gedanken brachen über mich herein, schwirrten durch meinen Kopf und ich schloss meine Augen, um sie besser zu sehen. Stillschweigend saßen Timo und ich uns gegenüber und schlürften unseren Kaffee.

Nach dem Frühstück erwartete uns eine Belohnung, wie sie nicht schöner sein konnte, wenn man auf dem Motorrad unterwegs ist:

Wir fuhren 500km durch Serpentinen, die sich auf bestem Asphalt durch Ruandas und Burundis Hügellandschaft zogen. Auf den Straßen war kaum Verkehr und wir testeten die maximale Schräglage unserer Bikes. Rechtskurve,

Linkskurve, Rechtskurve, zwei Tage nahezu ohne Geradeausfahren.

Es fühlte sich an wie Snowboarden im Tiefschnee. Ein geiles Gefühl. Kilometerlang konnten wir durch die Hügel auf die nächste Kurve schauen. Immer wieder dieselbe Motorik:
2. Gang,
3. Gang,
4. Gang,
3. Gang,
2. Gang,
3. Gang,
4. Gang,
Klack, klack, klack. Das kurveninnere Knie wurde nach vorne geschoben, der kurveninnere Stiefel presste auf die Fußraste, der Kopf lag auf der Schulter. Ideallinie erkennen und beibehalten.

Nein, wir sind keine Rennfahrer, aber wir fühlten uns so und reizten die Strecke aus. Immer wieder betätigten wir die Helmkamera. Es war ein unglaublich geiles, entspanntes Fahren. Auch weil der Asphalt hier so etwas wie der „englische Rasen“ unter den afrikanischen Fahrbahnbelägen ist. Nirgendwo lag Sand, nicht einmal Staub hatte sich auf dem Teer abgelegt. Es war einfach herrlich und Ruanda wird nicht umsonst als das „Land der 1.000 Hügel“ bezeichnet. Wir waren berauscht und schwankten selbst abends im Zelt noch hin- und her.

Nachdem wir die beiden vermeintlich gefährlichsten Länder der Reise ohne Zwischenfälle hinter uns gebracht hatten, passte es ins Bild, dass unsere erste Konfrontation mit korrupten Beamten bei der heutigen Rückkehr ins sichere Tansania geschah. Zunächst verlangte der Zollbeamte von Timo 10 USD als Extra-Gebühr und dann wurde ich von einem Polizisten gefragt, ob ich denn keine Geschenke für ihn dabei hätte.

Beide Male fühlten wir uns im Tageslicht und aufgrund der Nähe zu anderen Einheimischen so wohl, dass wir die geforderten Abgaben freundlich aber bestimmt ablehnten. Missmutig wurden uns unsere Pässe wieder ausgehändigt und wir durften nach Kigoma weiterfahren.

Ab Morgen geht's für zwei Tage auf dem Lake Tanganyika in Richtung Sambia und ich bin heilfroh über die beiden folgenden Entspannungstage.

1: Endlich wieder Teer unter den Rädern
2,3: Ankunft in Kigoma: Pure Freude und die schönste Waschmaschine der Welt
4: Frühstücksdieb
5-7: Burundi & Ruanda: Freundliche Menschen, viel Militär, unendliche Kurven
8: Timo als Undercover-Touri

MS Liemba: auf Deck – anstatt auf Bike

Freitag, 27.08.2010, Tag 28, Lake Tanganyika, Tansania

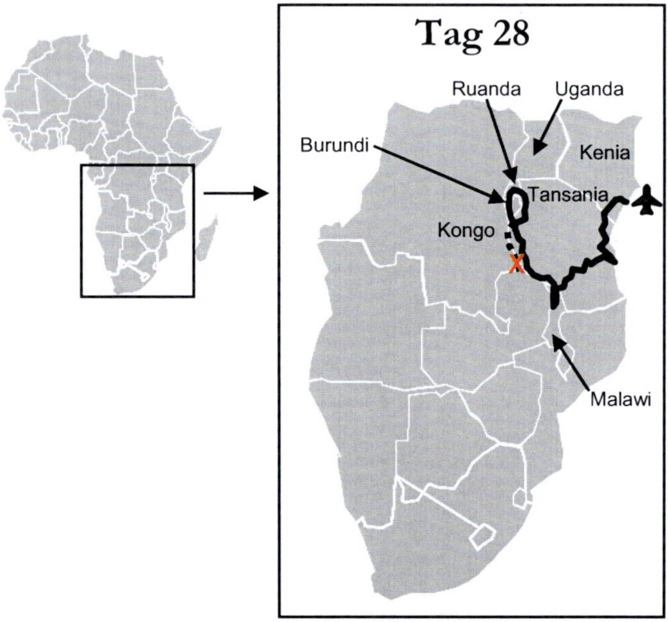

Unter mir hämmern dumpfe Schläge auf Metall. Rechts von mir sind hunderte Fische zum Trocknen auf dem Deck ausgebreitet. Hinter mir schellen Wassermassen an Bordwände. Unter mir entweichen beißende Ammoniakgerüche aus der Toilettentür und über mir verliert sich ein wolkenlos blauer Himmel in alle Richtungen. Um mich herum ist das omnipräsente, seit zwei Tagen ununterbrochene Ruckeln eines Schiffmotors und die nur selten verstummenden Stimmen aufgeregter Mitfahrer. In mir fügen sich vielfältigste Impressionen zu einem

Gesamteindruck und finden letztendlich den Weg in meine schreibende Hand. Ich liege an Oberdeck der MS Liemba, einem Fährschiff mit beeindruckender Historie:

Die Liemba wurde 1913 auf Befehl Kaiser Wilhelms II. an der Ems erbaut und auf den Namen Graf Goetzen getauft. Das 60m lange Schiff konnte in seine Einzelteile zerlegt werden und wurde auf diese Weise nach zehnmonatiger Bauzeit in 5.000 Holzkisten verpackt. So gelangte die Graf Goetzen mit dem Zug nach Hamburg, von dort mit einem Dampfer nach Daressalam und letztendlich auf der Schiene, den Straßen und vor allem auf dem Rücken der Afrikaner bis nach Kigoma an den Lake Tanganyika. Hier bauten Einheimische das Schiff wieder zusammen und bereits zwei Jahre nach dem Bau in Deutschland nahm die mit Geschützen ausgestattete Graf Götzen ihre erste Fahrt auf. Ziel war es, Belgien von einer möglichen Kolonialexpansion abzuhalten. Als die deutschen Truppen auf ihrem Rückzug jedoch Kigoma aufgeben mussten, befahl der Kapitän, die Graf Goetzen dick mit Fett einzuschmieren und im See in Ufernähe zu versenken. Das Schiff wurde noch 1916 von den Belgiern gehoben, sank jedoch einige Jahre später während eines Sturmes im Hafen erneut. Anschließend ging das Land an die Engländer als neue Kolonialherren über, die lange brauchten, um das Schiff wiederum zu heben. Erst sieben Jahre nach dem Untergang konnte es wieder fahren. 1927 wurde der alte Name Graf Goetzen in MS Liemba geändert und seit 1961 fährt das Schiff unter einheimischer Führung und Besatzung im wöchentlichen Rhythmus als einziges Passagierschiff den See auf und ab.

Vorgestern sind Timo und ich inmitten des Hafengewusels an Bord gegangen. Unsere Bikes wurden in abenteuerlichen Manövern mit einem Lastkran auf das Oberdeck gehievt. Aus den Augenwinkeln konnten wir dabei schwer beladene Afrikaner sehen, die Säcke und Kisten auf ihren Köpfen balancierend an uns vorbei ins Boot trugen. Umherstehende Soldaten verfolgten das Geschehen mit wachsamem Blick und geladenem Maschinengewehr.

Rasch füllte sich das Boot und inmitten von ca. 200 Einheimischen tummelten sich außer Timo und mir noch drei Spanier, ein Deutscher, ein Österreicher und zwei Asiaten. Wir „Mzungus" kamen schnell ins Gespräch und saßen fünf Stunden nach der geplanten Abfahrt immer noch im Hafen, während wir gemeinsam zu Abend aßen.

Mit von der Partie war der 50-jährige Österreicher Erik, dessen Freundin seine Abenteuerlust nicht vollständig teilt und der daher drei Tage der gemeinsamen Tansania-Reise allein verbringt. Johannes, Anfang 20, hatte gerade seinen Zivildienst beendet und nutzte die Wartezeit bis zum Maschinenbaustudium für eine Backpackerreise abseits der typischen Australien- und Thailand-Reisen. Dazu gesellte sich das spanische Trio um die 40 Jahre: Jakob, Universitätsprofessor der Elektronik, reiste für vier Monate quer durch Afrika. Anja und Alex waren wesentlich kürzer im Land, dafür war es bereits ihre x-te Reise auf dem „schwarzen Kontinent".

Inmitten dieser lustigen Truppe vertrieben wir uns die Zeit mit dem Aufstellen von Verschwörungstheorien bezüglich unserer noch nicht erfolgten Abfahrt aus dem Hafen. Als Timo und ich nach dieser lustigen europäischen Runde wieder auf unser dritte Klasse Deck entschwanden, während alle zuvor Kennengelernten sich in ihre Kabinen zurückzogen, staunten wir nicht schlecht.

Der Boden war gepflastert mit zusammengerollten, Schlaf suchenden Körpern. Unsere naive Vorstellung, sich irgendwo auf Isomatte und Schlafsack an unsere Bikes zu schmiegen zerplatzte im Nu. Es war schlichtweg nicht mehr genug Deck zum Hinlegen vorhanden. Also pressten wir uns zwischen die wild durcheinander gestapelten Waren. Zu unserem Glück erhielten wir nachts mehrfach die Gelegenheit unseren Schlafplatz zu wechseln.

Ohne Vorwarnung flackerten immer mal wieder die am Mast befestigten Scheinwerfer auf und schweiften über das Deck. Kleine Fischerboote kamen von rechts und links an die MS Liemba herangefahren, der Geräuschpegel stieg und Seile wurden an Deck geworfen. Als dies zum ersten Mal passierte, wussten Timo und ich die Situation überhaupt nicht einzuschätzen. Wir waren neugierig, verwundert und auch ein bisschen ängstlich. Schließlich hätte dieses nächtliche Manöver ja auch ein „Piratenüberfall" sein können. Schnell verstanden wir jedoch, dass diese Tauschgeschäfte ein ganz normaler Ablauf waren.

Es war spannend zu beobachten, wie auf diesem Wege Waren und Menschen mal wild wuselnd und mal phlegmatisch faul die Seiten wechselten und Sekunden später im Dunkel der Nacht entschwanden. Geräuschpegel senkten sich, Scheinwerfer erloschen und gaben den Blick auf einen fast perfekten Vollmond frei.

Das monotone Ruckeln der schwer arbeitenden Dieselmotoren sowie das Rauschen der Wellen sangen uns ein „Gute-Nacht-Lied", während wir endlich ausgestreckt zwischen unseren Bikes einschlummern konnten. Wäre nicht in regelmäßigen Abständen ein Schwall ammoniakgetränkter Luft aus der direkt unter uns befindlichen Toilettentür in unsere Nasen geströmt, so wäre dieser Platz wahrlich himmlisch gewesen.

Am gestrigen und heutigen Tag setzten sich die nächtlichen Eindrücke fort. Alle drei Stunden wurde der Anker geworfen und das ohrenbetäubende Hupen der Fähre gab den Startschuss für die herbeieilenden Fischerboote. Es gab für den gesamten Reiseweg auf dem See keinen festen Zeitplan und dementsprechend auch keine wirklichen Anmeldefristen für Mensch und Gut. Spontanität war gefordert. In der letzten Woche war die Fähre komplett ausgefallen und heute hatten wir bereits 24 Stunden Verspätung.

Es war unbeschreiblich spannend mit unseren westlichen Augen auf diesen regen Handel zu blicken. Während der Joghurt im heimischen Kühlschrank um die halbe Welt gereist ist, bevor er mit angenehmen 6°C in unseren Mägen verschwindet, reihten sich hier kongolesische und tansaniasche Dörfer an einander, deren einzige Infrastrukturanbindung diese sporadisch verkehrende Fähre ist. Von den Dörfern sind die nächsten Bahngleise oft meilenweit entfernt und aufgrund der teils unpassierbaren Straßenverhältnisse wird die MS Liemba zum Nadelöhr der Versorgung.

Von und an Bord ging einfach alles:
Reis, Palmenöl, Sprit, Fische, Fahrräder, Matratzen, Motoren, Gaderobe. Wo gehandelt wird, da wird auch gefeilscht, belogen und betrogen. Gerade weil es auf diesem Schiff keine klaren Prozesse und Abläufe gibt, sind der Willkür und der Betrügerei wahrscheinlich Tür und Tor geöffnet.

Einblicke in die düsteren Machenschaften auf dem Boot gewährte uns Jack. Jack ist 28 Jahre alt und transportierte gerade zwei Tonnen Reis flussabwärts, um sie über seinen Bruder im Kongo zu verkaufen. Es ist sein dritter Versuch ein Business aufzuziehen. Der Handel mit Milch aus Sambia endete bei korrupten Zollbeamten, die von ihm 200 USD Schmiergeld sehen wollten. Einen Betrag, den er nicht aufbringen konnte und somit seine gesamte Lieferung nie wieder sah. Sein Versuch getrockneten Fisch zu verkaufen scheiterte hingegen aus ökonomischen Gründen. Die Verhandlungsmacht der Nachfrageseite war einfach zu stark und die Margen entsprechend zu gering.

Kopfschüttelnd erzählte uns Jack von der um sich greifenden Selbstbereicherung auf dem Schiff. Er berichtete davon, dass Diesel aus dem Motorraum von der Crew verkauft wird. Außerdem würde die Hälfte aller unterwegs zusteigenden Passagiere nicht erfasst und deren Zahlungen für die Fahrtkarten direkt in die Crew-Taschen fließen. Der Staat Tansania habe aufgrund immer größer werdenden Verluste und der fälschlichen Annahme, es fehle die Nachfrage, den Fahrtzyklus von wöchentlich auf 1x alle 14 Tage geändert. Tatsächlich türmen sich jedoch Unmengen von Waren in den Dörfern oder werden von diesen nachgefragt, so dass die Crew einen lukrativen Schwarzmarkt aufgebaut hat.

Jack beschrieb uns all dies mit leisen Worten in gutem Englisch, als wir am Heck des Bootes über die Rehling lehnten. Timo, Jack und ich sind in einem Alter, aber die Welten, in denen wir uns bewegen, sind nicht im Geringsten miteinander zu vergleichen. Wir verbrachten viel Zeit auf dem Schiff miteinander, hingen einfach rum, quatschten und lachten.

Im Laufe der Gespräche erfuhren wir von Jacks Vergangenheit. Er ist nicht in Tansania, sondern in Ruanda geboren. Als 1994 der Höhepunkt des Völkermordes einsetzte, konnte Jack mit seinem kleinen Bruder fliehen und landete im Alter von 12 Jahren in einem Flüchtlingslager in Sambia. Nach Beendigung des Bürgerkrieges zwischen Hutu und Tutsi sollten die Flüchtlinge wieder in ihr Heimatland zurückkehren. Gebrandmarkt durch die Horrorbilder seiner Kindheit und der Allgegenwärtigkeit von getöteten und verschleppten Familienangehörigen, fasste Jack im Alter von 14 Jahren einen folgenschweren Entschluss. Er „verleugnete" seine wahre Herkunft und gab sich als Bürger Tansanias aus, um nie wieder an den Ort des Grauens zurückkehren zu müssen.

Viele Jahre später machte er sich dennoch auf den Weg nach Ruanda, um Gewissheit über das Schicksal seiner Familie zu bekommen. Die Gewissheit war grausam. Nachbarn erinnerten sich mit erschreckender Genauigkeit an die Ermordung seiner Eltern. Der Verbleib seiner älteren Schwester hingegen ist bis heute ungewiss. Ihre Spur verliert sich in einem Flüchtlingslager im Kongo. Fortan kämpfte und sorgte Jack für sich, seine beiden jüngeren Brüder und die kleinere Schwester. Alle vier suchen ihr Lebensglück an unterschiedlichen Orten des großen afrikanischen Kontinents und dank der Verbreitung des Mobilfunks können sie fortan in Kontakt bleiben.

Obwohl uns Jack dies alles in Englisch erzählte und um uns herum niemand Englisch zu sprechen schien, flüsterte er. Zu groß war die Angst davor, dass seine Lebenslüge auffliegt. Jack sprach ohne Verbitterung, sein rundes Gesicht schien irgendwie immer zu strahlen. Auf die Frage, woher er die Kraft nehme, entgegnete er: „Ich habe den Tod überlebt, ich habe das Schlimmste gesehen. Es kann für mich im Leben nur noch bergauf gehen. Warum sollte ich es dann beenden?"

Jacks Lebenswille schien grenzenlos zu sein. Seine Englischkenntnisse beruhen auf der Zeit als Zimmerjunge in einem Hotel und Französisch spricht er durch die vielen Besuche bei seinem Bruder im Kongo. Liebend gerne würde Jack aus diesen Kenntnissen Nutzen ziehen und im Tourismus arbeiten. Doch dafür fehlte ihm zum einen die schulische Qualifikation und zum anderen die notwendigen Beziehungen. Er träumte davon mit seinen Reis-Touren irgendwann 2.500 USD verdient zu haben, um sich eine Maschine zum Mahlen von Reis kaufen zu können. Dies würde es ihm ermöglichen, die Wertschöpfungskette der Reisverarbeitung weiter nach oben zu klettern und entsprechend von höheren Margen zu profitieren. Trotz der eher traurigen und nachdenklich stimmenden Themen lachten wir unglaublich viel. Jack verfügte über einen fast britischen Humor, so dass wir uns ständig gegenseitig verarschten. Als er gestern Abend von Boot ging, war er der erste Afrikaner dieser Reise, den ich um ein gemeinsames Foto und seine Handynummer gebeten habe. Normalerweise ist es anders herum.

Der heutige Tag verlief völlig ereignislos. An das alle drei Stunden einsetzende Chaos haben Timo und ich uns gewöhnt und so liegen wir Stunde um Stunde lesend, schreibend oder schlafend in der Sonne neben unseren Bikes an Deck. Sofern alles Weitere nach Plan verläuft, werden wir heute Abend in Kassanga von Bord gehen, uns um die Ausreisemodalitäten kümmern, eine weitere Nacht an Deck verbringen und ab morgen Mittag mit den Bikes durch Sambia zurück nach Malawi zu Mark und seiner Sangilo Sanctuary düsen.

1,2: Wie der Reis, so die Bikes
3: Bugbelagerung
4: Schlafplatz, bzw. ohne Platz
5,6: Wieder: Einer schreibt, der Andere arbeitet
7-10: Buntes Treiben
11: Eines der vielen Fischerboote

Rückkehr, Heimkehr, Wiederkehr

Dienstag, 31.08.2010, Tag 32, Chilumba, Malawi

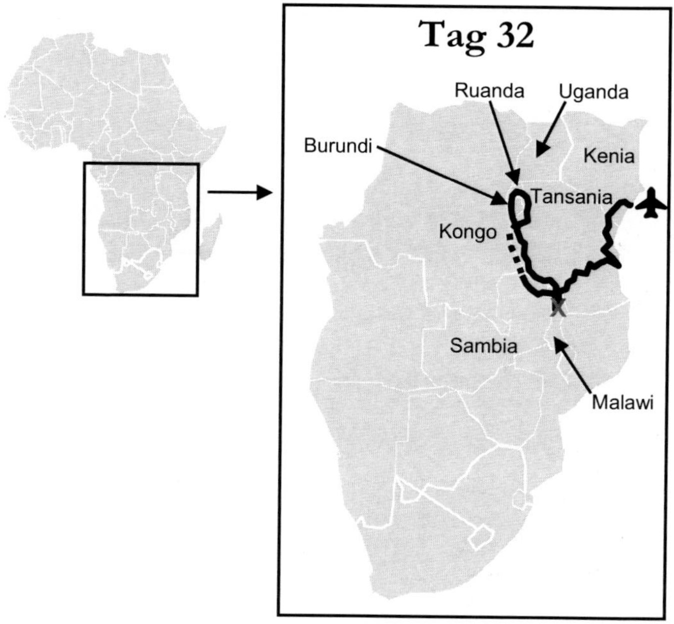

Rückkehr. Das ist ein großes Wort für denjenigen, der fortgeht. Es ist jedoch nicht ganz so groß wie Heimkehr, denn heim im Sinne von Heimat ist für mich dort, wo mein Herz wohnt. Dennoch ist Rückkehr ein größeres Wort als Wiederkehr. Denn während der Wiederkehrende seinen Ort vielleicht nur flüchtig streift, hat der Rückkehrer von vornherein die Absicht eine Weile an dem Ort seiner Rückkehr zu verweilen. Nicht anders erging es Timo und mir als wir vor knapp zwei Wochen an derselben Stelle, im selben Korbsessel saßen und uns vornahmen, in den Norden aufzubrechen und 14 Tage später wieder an diesen Ort zurückzukehren.

Unser Abgang vom Schiff vor drei Tagen war äußerst nervenaufreibend. Die Hafencrew witterte ihre Chance auf ein paar Extra-Dollar und setzte die bereits in der Luft baumelnden Bikes wieder auf dem Deck ab. Man forderte uns auf, zunächst eine Handling-Gebühr von zwei Mal 20 USD zu bezahlen.

Wir weigerten uns, kontaktierten den Kapitän des Schiffes, suchten den Vorarbeiter auf, sprachen mit anderen Reisenden und mussten letzten Endes einknicken. Für je 10 USD, also die Hälfte des verlangten Preises, wurden die Bikes von Deck geholt.

Anschließend reichte jedoch unser Bargeldbestand nicht aus, um die Visa-Gebühren zu bezahlen. Wir waren sicher, dass es ein Multiple-Entry-Visa gab und unsere bestehenden Visa weiterhin ihre Gültigkeit hätten. Nach endlosen Diskussionen und irgendwelchen offiziellen Dokumenten, die man uns zeigte, mussten wir auch hier einknicken. Ich blieb quasi als Pfand an der Grenze stehen, während Timo die nächste Bank aufsuchte.

Viel später als geplant, verließen wir den Hafen und mussten eine zusätzliche Nacht in Sambia einlegen. Timo war ordentlich angepisst, da wir diese Route nur wegen mir gewählt hatten und die ersten 250km sich als purer Horror entpuppten. Die Aussicht auf eine neue Abenteuer-Route reizte mich zu sehr. Doch ein ums andere Mal hatten wir Angst, dass die bis dato tiefsten Schlaglöcher dieser Reise uns die Bikes entzweireißen würden. Ich wollte nicht in Tansania aussteigen und 300km einer Strecke fahren, die wir schon kannten.

Belohnt wurden wir für diese Strapazen erst vorgestern, am zweiten Tag nach Verlassen des Schiffes. Wir passierten eine Strecke mit zahlreichen Baustellen und konnten uns mit unseren Bikes wie auf einem großen Abenteuerspielplatz austoben. 100km voller fester Schotterpisten, astrein zu cruisen und sliden, Spaßfaktor 100%. Es war ein geiler Nachmittag.

Abends fuhren wir dann die wunderschöne Abfahrt zu Marks paradiesischem Plätzchen bei tief stehender Abendsonne hinab. Timo stürzte bei laufender Helmkamera in den Sandverwehungen und seitdem diskutieren wir höchst aufgeregt über die Zählweise unserer Stürze.

Ich zog Timo damit auf, dass er schlechter Offroad fahren würde als ich, Timo hingegen zog sich mit dem Hinweis aus der Affäre, dass dies lediglich durch meine willkürliche Trennung in „Stürze" und „Umfaller" zu Stande käme. In Summe hätte er schließlich weniger ungewollten Bodenkontakt gehabt als ich.

Objektiv betrachtet, hat Timo damit sogar Recht. Subjektiv beurteilt steht es aber 15:13 Stürze bei 0:5 Umfallern. Da Timo dies natürlich nicht auf sich sitzen lassen will, feilschen wir wie auf einem Basar: „Wenn dies als Sturz zählt, war jenes aber kein Umfaller und so weiter und so weiter…."

Verspielte Jungs und ihre Probleme…

M&L – Malaria und Lariam

Donnerstag, 02.09.2010, Tag 34, Chintheche, Malawi

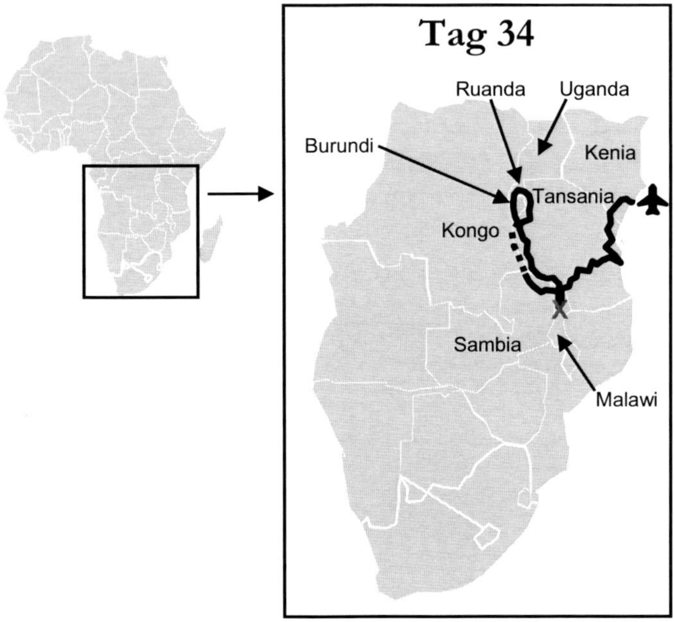

Vorgestern Vormittag ging es mir bereits beim Schreiben der Zeilen so schlecht, dass ich nach den wenigen geschriebenen Sätzen aufhören musste. Es begannen 48 Stunden, die ich, bzw. wir hoffentlich nie wieder erleben müssen. Während ich den von Durchfall und Kopfschmerzen geprägten Montag noch unter „temporärer Schwäche“ einordnen konnte, machte mir der Dienstag vor zwei Tagen mit starken Kopf-, Muskel- und Gliederschmerzen schon deutlicher zu schaffen.

Es fühlte sich an wie eine starke Grippe. Aber eine Grippe bei sommerlichen Temperaturen in Afrika? Das wäre höchst unwahrscheinlich und beunruhigend zugleich, denn Grippesymptome können auch ein Zeichen für eine Malaria-Erkrankung sein. Fieber messen ergab 37°C und warf damit mehr Rätsel auf, als es Fragen beantwortete.

Es gibt nur eine Form der Malaria, die ohne Fieberschübe auftreten kann, Malaria Tropica. Diese gilt jedoch auch als schlimmste der drei Malaria-Formen und verläuft unbehandelt oft tödlich. Meine, bzw. unsere Unsicherheit mischte sich mit einer ordentlichen Portion Angst. Wir sprachen mit Mark. Er hielt eine Malaria-Infektion aufgrund der Jahreszeit für unwahrscheinlich, aber nicht für ausgeschlossen. Immerhin ist Malawi ein Hochrisikogebiet für Malaria, auch für Malaria Tropica.

Drei Möglichkeiten standen zur Auswahl:

Erstens:
In das Labor von Marks Frau fahren. Sie ist Ärztin und das Labor verfügt über Malaria-Schnelltests. Malaria-Medikamente wären jedoch nicht vorhanden gewesen und ich hätte bei positivem Befund ins 150km entfernte Krankenhaus fahren müssen.

Zweitens:
Wir hätten auch direkt in das 150km entfernte Universitätsklinikum nach Mzuzu fahren können. Dort gäbe es angeblich sowohl ein Labor zur „verlässlichen" Blutanalyse, als auch entsprechende Therapie-Möglichkeiten in Form von Lariam-Tabletten.

Möglichkeit Eins wäre höchst unbefriedigend und Möglichkeit Zwei stellte uns vor enorme logistische Herausforderungen, da ich nicht in der Lage gewesen wäre, die Strecke selber zu fahren.

Daraus folgte Möglichkeit Drei:
Wir leiteten die Akut-Medizin gegen Malaria ein. Sofern ich Malaria Tropica hätte, würde eh nur das Medikament Lariam helfen. Dieses hätte man mir auch in dem Uni-Klinikum verabreicht und wir hatten es, da auch unsere Prophylaxe auf Lariam basiert, eh dabei.

Nervös kramte ich also das Faltblatt mit den Infos zur Eigenbehandlung hervor und erinnerte mich an die Gespräche mit der Ärztin in Deutschland und ihre mahnenden Worte: „Die meisten Reisenden machen den Fehler, dass sie nach einer Malaria-Infektion nicht schnell genug mit der Therapie beginnen und dem Parasiten somit ein ungehindertes Ausbreiten ermöglichen".

Die Anweisungen waren recht einfach. Innerhalb von 16 Stunden mussten erst drei, dann zwei und dann eine Lariam-Tablette eingenommen werden. Dies entspricht derselben Menge des Wirkstoffs wie sechs Wochen Prophylaxe! Die Regeln waren genauso einfach: Erbrechen innerhalb von 30 Minuten erfordert eine Neuaufnahme der gesamten Dosis. Erbrechen zwischen 31 und 60 Minuten nach Einnahme erfordert eine Neuaufnahme der halben Dosis. Bei Erbrechen später als eine Stunde nach Einnahme gilt die Dosis als aufgenommen.

Obwohl die zu erwartenden Nebenwirkungen laut Beipackzettel extrem sein können, hielten Timo und ich es für das Beste, die Akut-Behandlung einzuleiten. Für den Fall, dass der Ursprung meines Übels nicht beim Malaria-

Parasiten, sondern irgendeinem Bakterium liegen würde, schluckte ich die von Timo mitgebrachte Antibiotika zusätzlich.

Gepaart mit Schmerzmitteln und Magen-Darm beruhigenden Tabletten führte ich mir einen riesigen Drogen-Shake zu.

Dienstagabend um 19 Uhr hatte ich fünf von sechs Tabletten intus. Hände und Füße kribbelten, alles fühlte sich falsch an, ich versuchte zu schlafen. Herzrasen und unbeschreibliche Übelkeit hinderten mich an der Umsetzung des Wunsches.

Den eindeutigen Signalen meines Körpers folgend, verließ ich das Zelt, um mich zu übergeben. Schwallartig und muskelverkrampfend schüttelte es mich bis in die Fußspitzen. Zurück im Zelt war an Schlaf nicht zu denken. Mein Kopf fuhr Achterbahn und der Magen sprang Trampolin. Anfangs alle zwei Stunden, später jede halbe Stunde erfolgte das Ritual des erbarmungslosen Erbrechens. Ich schaffte es kaum, mich auf den Beinen zu halten. Ich wankte, ich schwankte und ich kippte über. Das Lariam raubte mir vollständig meinen Gleichgewichtssinn.

Auf allen Vieren kroch ich zum Baum und wieder zurück – es war ein Höllentrip. Timo richtete mir mein Bett außerhalb des Zeltes auf unserer Plastikplane. Wenn mich Würgereize schüttelten, drehte ich inzwischen lediglich den Kopf zur Seite. Mehr Motorik war nicht möglich. Aber es kam eh nichts mehr aus mir heraus. Selbst Magensäure schien ich keine mehr zu haben.

Dann begann die Psyche mir Streich um Streich zu spielen. Rauschende Blätter ließen mich zusammenzucken.

Wolken- und Mondbilder ängstigten mich. Mich durchfloß eine nicht gekannte panische Unruhe. Unfähig die sechste und letzte Lariam-Tablette zu nehmen quälte ich mich wie im Delirium durch die Nacht.

Den absoluten Tiefpunkt erreichte ich morgens um 5 Uhr. Ausgekotzt, ausgetrocknet und ausgeknockt lag ich vor dem Zelt als Regen auf mich niedertröpfelte. Timo saß zwei Meter weiter auf dem Campingstuhl und schaute zu mir rüber. Ich wusste, dass er da war. Ich wusste, dass ich nicht alleine war und dennoch hatte ich das Gefühl der einsamste Mensch auf diesem Planeten zu sein.

Es war ein Gefühl, als würde ich meine Sinne verlieren. „Am Ende wird alles gut“, eines der Lieblingszitate meines Chefs, murmelte ich zur Beruhigung vor mich hin. Ich wollte einfach nur, dass es aufhört.

Laut Timo bin ich ungefähr gegen 7 Uhr eingeschlafen und nach dem Erwachen um 10 Uhr wurde schnell klar: Die Malaria-typischen Grippe-Symptome des Vortags waren weg.

Ich war unendlich erschöpft und doch auf dem Weg der Besserung. Timo päppelte mich mit Zuckerlösungen, Magnesiumdrinks und anderen Energiebomben wieder auf. Nahrung blieb im Körper, Energiespeicher füllten sich behäbig, der Gleichgewichtssinn kehrte langsam zurück. Den ganzen Tag über lag ich apatisch herum, an Umhergehen war noch nicht zu denken.

Der Beipackzettel des Lariam hatte nicht zuviel versprochen, ich habe nahezu alle Nebenwirkungen erlebt:

… Schlafstörungen, Schwindel, Koordinations- und Gleichgewichtsstörungen, Verwirrtheit, Angstzustände, Depressionen, Psychosen, Halluzinationen, Krämpfe …

Es hat bis heute früh gedauert, dass ich fit genug war, um nach einigen Fahrübungen in das erwähnte, 150km entfernte Uni-Klinikum nach Mzuzu zu fahren. Als einziger Weißer behandelte man mich bevorzugt und so musste ich nie warten. Einerseits empfand ich dies als unangemessen und vor allem ungerecht gegenüber den Einheimischen. Anderseits war ich aus ganz egoistischen Gründen natürlich dankbar, dass ich nicht warten musste.

Ob ich Malaria Tropica hatte und das Lariam den Parasiten erfolgreich besiegt hat, lässt sich im Nachhinein nicht mehr feststellen. Beruhigenderweise hat der Bluttest jedoch ergeben, dass ich jetzt definitiv kein Malaria (mehr) habe. Eine auffällig hohe Konzentration weißer Blutkörperchen deutet jedoch auf eine zusätzliche bakterielle Infektion hin, so dass ich die begonnene Aufnahme von Antibiotika entsprechend fortsetzen soll.

Nach zwei Stunden waren wir aus dem Krankenhaus wieder raus und ich war froh im Sattel zu sitzen. Fahrend geht es mir deutlich besser. Unsere Strecke ist anspruchslos und das gleichmäßige Rattern der Reifen hatte beinah etwas Beruhigendes.

Wir machten eine kurze Stipvisite in Nhakata Bay, einem der typischen Touri-Ziele in Malawi. Uns zieht dieser Ort definitiv nicht in seinen Bann und daher waren wir wenige Minuten später wieder on the road. Der Grenzbeamte vor ein paar Tagen empfahl uns Chintheche als Ort zum Nächtigen und dort checkten wir in einer idyllischen Hütte direkt am Strand ein.

Mit meiner Liebsten würde ich mich hier wahrscheinlich für drei Tage einschließen, so aber sollte dieser Ort nur die Bleibe bis morgen früh sein. Nachdem Timo sich die letzten Tage quasi Nonstop um mich gekümmert hat, bin ich froh mich heute Abend mit Kochen, Abwaschen und dem Packen der Bikes wenigstens ein kleines bisschen revanchieren zu können.

Wir sind beide glücklich, dass diese beschissenen Tage vorbei sind. Auch bei den Liebsten daheim stellt sich Erleichterung ein, als wir telefonieren und sie erfahren, dass ich auf dem Weg der Besserung bin. Die nächsten Tage werden Timo und ich es ruhiger angehen lassen. Unser nächstes Ziel sind die Viktoriafälle. Der Weg dahin führt durch den Süden Malawis und durch das langweilige Sambia. Ich hoffe inständig, dass es auch wirklich langweilig wird, denn auf Überraschungen habe ich keine Lust.

Ducati Eskortservice

Sonntag, 05.09.2010, Tag 37, Livingstone, Sambia

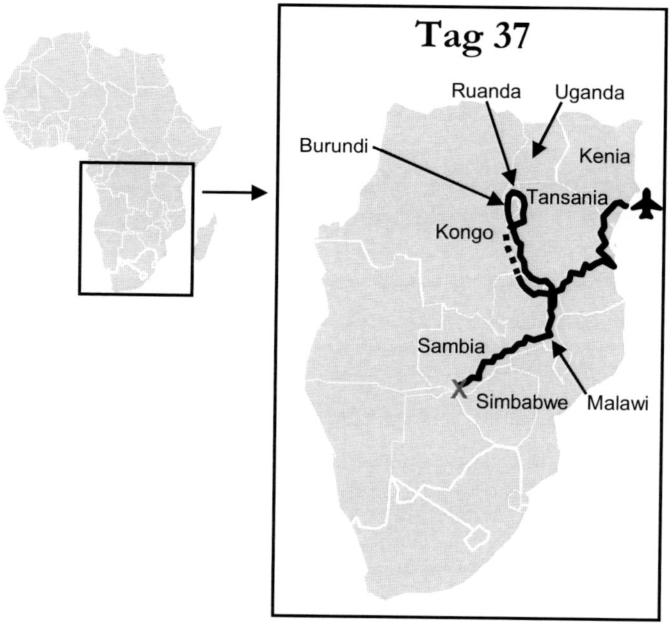

Ja, es ist bei der Besserung geblieben. Abgesehen von gelegentlicher Übelkeit und Durchfall, beides ist bei meinem empfindlichen Magen kein Grund zur Besorgnis, geht es mir wieder gut. Seit gestern Abend schreit mein Körper das erste Mal wieder nach Alkohol und Nikotin. Das wurde nach einer sieben Tage anhaltenden Wehleidigkeit auch langsam Zeit. Gibt es deutlichere Anzeichen für eine nachhaltige Genesung? Ich betrachte mich als geheilt.

Malawi war einfach nicht unser Land. An dem See hatten wir uns, bedingt durch meine Zwangspause, einfach sattgesehen. Wo immer wir auftauchten, fingen die Locals sofort theatralisch an zu betteln. In diesen „Touri-Orten" begegnet man nicht der Armut Afrikas. Wir begegneten einer Dorfjugend, die beim Anblick eines jeden Weißen reflexartig angelaufen kam und „give me money" oder „give me my pen" schrie. Gerade der letzte Satz zeigt allzu deutlich, mit welch einer Selbstverständlichkeit Weiße hier als Bankautomaten angesehen werden. „Gib mir meinen(!!!) Stift"..., eine Aufforderung, die lange in meinem Kopf nachhallte. Als hätte jedes afrikanische Kind ein Recht darauf, von jedem Fremden mit Stiften beschenkt zu werden.

Es zeigt, dass Reisende, die in guter Absicht ihre Gaben hier verteilt haben, genau das Gegenteil von dem erreicht haben, was sie wahrscheinlich ursprünglich bezwecken wollten. Das gesamte Dilemma der Entwicklungshilfe kommt meiner Meinung nach in dieser einen Aussage zum Tragen.

Kritiker der Entwicklungshilfe argumentieren gerne, dass die Milliarden und Abermilliarden, die in den Kontinent geflossen sind, nicht zu nachhaltigen Veränderungen geführt haben. Ganz im Gegenteil, ihrer Meinung nach entstand durch diesen enormen Geldfluss eine phlegmatische, unmündige und unselbstständige Generation, die bei jedem auftauchenden Problem davon ausgeht, dass irgendein Weißer es schon mit seinem Geld lösen wird.

Meine soeben formulierte Pauschalisierung wird natürlich in keinster Weise der Vielschichtigkeit der Thematik oder den diversen regionalen Unterschieden der Länder Afrikas oder dem Grad der Unabhängigkeit oder der Rolle des

Kolonialismus gerecht. Wahrscheinlich reagiere ich gerade etwas sensibel auf solche Themen, da ich in den letzten Tagen Bücher wie „Ach Afrika“ von Bartholomäus Grill oder „Dead Aid: Why Aid is Not Working and How There is Another Way for Africa“ von Dambisa Moyo verschlinge.

Beide Werke sind geschrieben von Autoren, die sich kompetent mit der Materie auseinandersetzen. Ich hingegen begnüge mich derweil mit den Eindrücken eines Motorradfahrers und Hobby-Soziologen.

Mit jeder Umdrehung unserer Reifen wurde der Wechsel vom individualtouristischen Teil Afrikas hin zum vom Massentourismus erschlossenen Teil deutlich. Anstelle ranziger Gästehäuser und abgelegener Campingplätze, fanden wir westlich eingerichtete Backpacker-Hostels und trafen dort auf neue und alte Gesichter.

Am Pool im Hostel in Lusaka trafen wir auf Jacob, Anja und Alex. Es handelte sich um die drei Spanier, mit denen wir auf der MS Liemba auf dem Lake Tanganyika waren. Das Zusammentreffen mit Alex und Anja währte nur kurz – für sie ging es am nächsten Tag wieder zurück nach Spanien. Jacob hingegen erwähnte, dass er ebenfalls in Richtung Livingstone reisen würde und so verabredeten wir uns mit ihm für das dortige „Falty Tower Backpackers“.

Den restlichen Abend hockten wir mit dem Schweizer Matthias zusammen. Matthias war ebenfalls auf einer Honda Transalp unterwegs. Allerdings ist seine Reise ein paar Nummern größer als unsere. Vor fünf Jahren ist er aufgebrochen, um alle Kontinente mit dem Motorrad zu bereisen. In die Außenseite seines Seitenkoffers ist die

Route graviert. Der jetzige Strich ist eine seiner letzten Routen und führt von Afrika zurück nach Europa. Einerseits finde ich es beneidenswert und bewundernswert. Auf der anderen Seite wäre dies definitiv „zu viel“ für mich. Doch die Bekanntschaft alleine ist faszinierend und so erhalten Timo und ich eine Menge wertvoller Infos für die Weiterreise und konnten Matthias mit dem Tipp weiterhelfen, dass er sich in Malawi mal bei Mark in der Sangilo Sanctury melden soll.

Nach der interessanten Begegnung des gestrigen Abends, ging es heute früh gnadenlos gut weiter. Auf der Suche nach einer neuen SIM-Karte, die bisherige funktionierte in Sambia nicht mehr, trafen wir im westlich wirkenden Lusaka vor einem Shoppingcenter einen 70-jährigen Biker auf seiner knallroten Ducati Monster.

Eine Sekunde später waren wir im Gespräch, eine Minute später tranken wir gemeinsam Kaffee und eine Stunde später saßen wir mit dem lokalen Motorradclub beim Essen. Eine Hand voll Männer um die 50 Jahre trifft sich jeden Sonntag zum Stammtisch. In dem Wissen, noch 500km bis nach Livingstone fahren zu müssen, machten wir uns um 13 Uhr zum Aufbruch bereit und wurden selbstverständlich von der Ducati Monster quer durch Lusaka eskortiert. Das muss ein abgefahrenes Bild gewesen sein. Zwei dreckige Abenteuer-Bikes und zwischen uns diese kleine, blank geputzte, feuerrote Straßenrakete.

Die Weiterfahrt nach Livingstone verlief unspektakulär. Also stellten wir die Körper auf Sparflamme, den Blick monoton nach vorne und die Ohren auf vollen Empfang. Eintönige Asphaltstraßen verleiteten dazu sich den Klängen unserer MP3-Player hinzugeben. Hip-Hop, Rock, Acapella und House-Musik wechselten sich ab. Fette Beats im Ohr, geile Texte direkt ins Gehirn. Mir ging es wie Nate Dogg: „Music and me, perfect harmony“.

Im “Falty Towers Backpackers” angekommen, schlugen wir direkt neben dem Swimming-Pool unser Zelt auf und folgten den vielen Empfehlungen zum Italiener “Olgas”. Es handelt sich um ein Restaurant, das einem Entwicklungsprojekt entsprungen ist. Alle Gewinne kommen der Ausbildung der lokalen Jugend zugute und die Jahrgangsbesten erhalten eine Einstellung als Koch oder Servicekraft. Cooles Konzept – da zahlt auch der ansonsten geizige Motorrad-Reisende gerne etwas mehr und lässt sich kulinarisch verwöhnen: Bruschetta, Steinofen-Pizza, Tiramisu und Wein.

Hier werden wir sicherlich zwei oder drei Nächste bleiben.

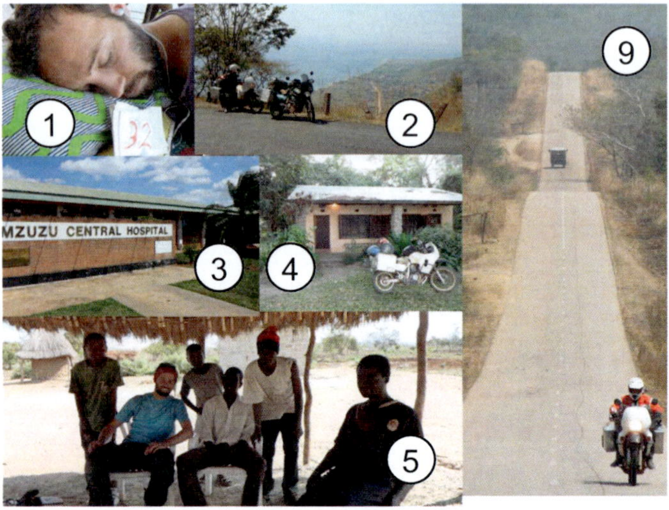

1: Malawi Malade. Auskurierte Malaria
2: Genug vom See gesehen
3: Stippvisite im Krankenhaus
4: Abgelegener Bungalow
5: Gastfreundschaft bei jeder Pause
6: Tankstellenkiosk im Niemandsland
7,8: Metamorphose BWLer & Mediziner zum Biker
9: Der lange Weg durch Sambia

Dreifache Regenbögen am Devils Pool

Dienstag, 07.09.2010, Tag 39, Livingstone, Sambia

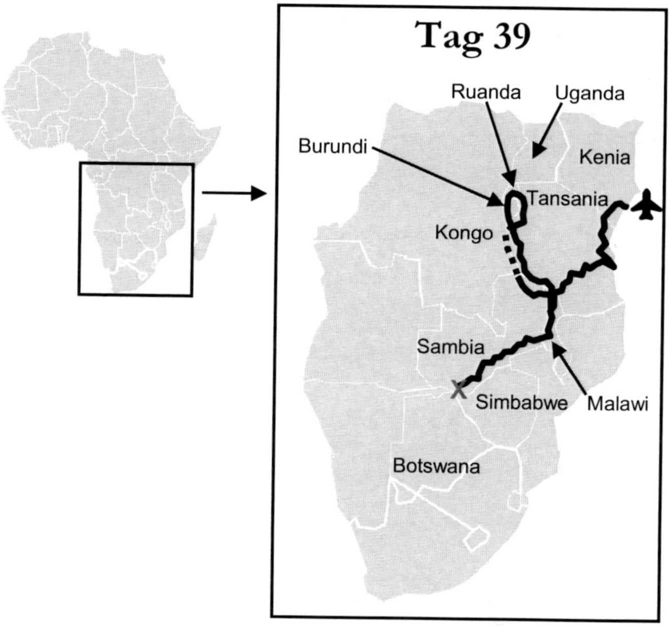

Meine Fresse, waren das zwei geile Tage. Gestern sind Timo und ich dem absoluten Kaufrausch verfallen. Während wir uns darüber unterhielten, dass wir Reis mit Bohnen nicht mehr sehen, geschweige denn essen können, trafen wir auf einen Supermarkt. Die Betonung liegt ganz klar auf den ersten beiden Silben, denn es handelte sich um einen „super Markt". Und zwar so super, dass er westlichen Gewohnheiten in nichts nachstand.

Timo und ich wussten genau, dass man in solchen Momenten oft zu viel kauft, völlig unüberlegt kauft und vor allem ungesund kauft. Also machten wir uns in Ruhe eine Einkaufsliste. Wir waren uns beide einig, dass wir lediglich für das Abendbrot und den nächsten Morgen einkaufen wollten und um nicht dem Spontan-Hunger zu verfallen, aßen wir sogar noch etwas bevor wir ins Schlaraffenland gingen. Beste Voraussetzungen also.

Irgendwie ist es dann trotzdem dazu gekommen, dass wir an der Kasse 80 USD gegen einen prall gefüllten Einkaufswagen eintauschten. Der Inhalt war ein wahrer Gaumenschmaus und setzte sich zusammen aus Gouda, Camembert, Oliven, Knoblauchwurst, Gurken, Tomaten, Radieschen, Zwiebeln, Avocado, Zitronen, Chips, 5l Weißwein, Apfelsaft, Orangensaft, Milch, Müsli, Weintrauben und Kippen.

Nach unserer Rückkehr ins Backpackers schmunzelten alle Gäste über die Essgewohnheiten der deutschen Abenteuerbiker. Die fünf Liter Wein vernichteten Timo und ich so gesellig wie noch nie auf dieser Reise. Wir quatschten über Gott und die Welt. Es tat gut, die Alltagsthemen unserer Reise einfach mal liegen zu lassen und allerlei Anderes aufzugreifen. Später gesellten sich noch der griechische Rafting-Guide Manuel und der inzwischen eingetroffene Spanier Jacob dazu.

Bei unserem inzwischen dritten Treffen erfuhren wir, dass Jacob eigentlich Yago heißt. Ihm ist es einfach nur zu blöde ständig seinen Namen zu buchstabieren und daher ließ er sich bereitwillig Jacob rufen. Wir Vier waren eine gesellige Runde und redeten und tranken bis tief in die Nacht.

Am nächsten Tag bekamen Timo und ich Besuch von einem globalen Tier, dem Kater. Es dauerte bis zum Mittag, bis wir uns einigermaßen wieder erholt hatten. Anscheinend hatten wir am Abend zuvor etwas Falsches gegessen – an fünf Litern Wein kann es schließlich nicht gelegen haben...

Mit glasigem Tunnelblick entdeckten wir ein bekanntes Gesicht, das wir bereits mehrfach auf dieser Reise sahen. Zunächst sprachen wir Jamie auf dem Parkplatz vor dem Memorial Centre in Ruanda an. Er saß auf seiner BMW und hat uns sicherlich nicht geglaubt, dass auch wir mit Bikes unterwegs sind. Schließlich liefen wir diesen Tag in Zivil, sprich T-Shirt, Shorts und Flip Flops durch Ruanda. Als nächstes trafen wir ihn beim Verlassen der Fähre in Sambia an der Grenzkontrolle. Jamie hatte gerade den Horror Dirtroad Trip zurückgelegt, den wir auf dem Hinweg meistern mussten. Und nun waren wir Drei per Zufall im selben Backpackers abgestiegen und machten uns zusammen auf den Weg zu den „Vic Falls", den zu Ehren Königin Victoria benannten Wasserfällen an der Grenze zwischen Sambia und Simbabwe.

Stück für Stück erkundeten wir dieses faszinierende Naturspektakel. Zunächst schritten wir ca. einen Kilometer zu Fuß und von zahlreichen wilden Affen eskortiert zum „Boiling Pot". Dort saßen wir am Fuße der Schlucht und erhaschten den ersten Blick auf Millionen Tonnen Wasser, die den Sambesi River verlassen und knapp 120m über eine Felskante hinweg in die Tiefe rauschen. Nachdem jeder von uns einige Minuten gedankenversunken ins rauschende Ende des Horizonts gestarrt hatte, machten wir uns wieder auf den Weg zu zwei Wanderstrecken auf Augenhöhe mit der oberen Kante der Wasserfälle.

Wir erlebten ein atemberaubendes Schauspiel. Mutter Natur zeigte sich von ihrer künstlerischen Seite. Um uns herum sprühte, dampfte, donnerte und schillerte es. Je weiter wir den Pfad entlang gingen, desto deutlicher wurde der Blick auf die 1.700m breite Felskante, dank derer die Victoriafälle der breiteste einheitlich herabstürzende Wasserfall der Erde sind.

Es schien, als würde die Welt auseinanderbrechen und die überdimensionale Badewanne Goliaths überlaufen. Die Einheimischen nennen den Wasserfall „Mosi-oa-Tunya“, was so viel bedeutet wie „donnernder Rauch“. Dies ist auf die gewaltige Geräuschkulisse während der Regenzeit zurückzuführen. Die herabstürzenden Wassermassen entfalten dann eine derartige Energie, dass der Sprühnebel bis zu 300m aufsteigt und noch in 30km Entfernung zu sehen ist.

Erst durch das Hinein- und Herauszoomen der Kameraobjektive wurden die Dimensionen greifbar. Massive Bäume sahen aus der Ferne aus wie Streichhölzer und aus der Ferne betrachtete Punkte entpuppen sich bei näherer Betrachtung als Menschen.

Moment. Menschen auf der gegenüberliegenden Seite, wie kann das sein? Tatsächlich erkannten wir bei vollem Zoom eine Hand voll Einheimischer, die an der Felskante entlang durchs Wasser wateten. Uns stockte der Atem. Sekunden später rufen wir drei im Chor ein lautes „What?“. Inmitten der Gruppe wuselten auch zwei oder drei Weiße herum. Abenteuerlust durchflutete unsere Körper. Wenn die es geschafft haben, dort hinüberzukommen, dann wollen wir das auch.

Voller Adrenalin suchten wir einige Parkwächter auf und fragten uns durch. Ihre Antwort war kaum zu glauben: Ja, es sei möglich, auf der anderen Seite durch den Sambesi River an der Kante entlangzulaufen und ja, natürlich auf eigene Gefahr. Wir konnten kaum glauben, dass dies nicht verboten war.

Doch tatsächlich, 30 Minuten später führte uns ein Einheimischer an einem Schild mit folgender Aufschrift vorbei: „Das Betreten des Sambesi River erfolgt auf eigene Gefahr und kann tödlich enden. Der Park trägt keinerlei Haftung und rät von einer Begehung ab."

„No risk, no fun" und andere dumme Kommentare gaben wir von uns. Wir sagten Dinge, die drei testosterongetränkte Halbstarke halt so von sich geben. Aber wir waren ja nicht verrückt. Also beschlossen wir, lieber wieder ins Backpacker zu fahren…

So ein Quatsch!!! Wir zogen uns die Schuhe aus, krempeltenn die Hosen hoch, bildeten eine seitliche Kette und marschierten langsam, Schritt für Schritt in den Fluss hinein. Es war ein komisches Gefühl bis zu den Knien im Wasser zu stehen, die Strömung und die unglaubliche Kraft des Wassers zu spüren und zu wissen, dass die Felskante zum Abgrund keine 50m entfernt ist.

Wassermoleküle, die in einem Moment noch an unseren Beinen entlang flossen, würden Bruchteile von Sekunden später über 100 Meter in die Tiefe stürzen. Während wir über Steine kraxelten und durchs Wasser stampften, kamen wir der Felskante immer näher.

Unser einheimischer Guide erklärte uns, dass der Weg je Jahreszeit variieren würde und immer vom aktuellen Wasserstand abhängig sei. Wir hätten angeblich Glück und könnten unmittelbar an die Kante heran. Mit dieser Aussage hatte er nicht übertrieben. Nach ca. 45 Minuten erreichten Timo, Jamie und ich den „Devils Pool", zu deutsch „Teufelspool". Ein von der Natur ausgehöhltes Becken lag direkt an der Felswand und ca. drei Meter unter uns.

Der Ausblick war gigantisch. Das Licht zerbrach in seine Bestandteile und schillerte als bunter Regenbogen vor uns. Einzelne Farbstreifen schienen so deutlich, dass man meinte, das Licht berühren zu können. Ich fühlte mich klein und empfand fast schon so etwas wie Demut gegenüber diesem Naturspektakel.

Platsch! Unser Guide war bereits gesprungen. Natürlich nicht 100 Meter in die Tiefe, sondern drei Meter in den „Teufelspool". Bei untergehender Sonne im Rücken taten wir es ihm gleich. Während des Sprungs rauschte diese traumhafte Umgebung an mir vorbei und wurde einen Moment später vom dunklen, kalten Nass des Eintauchens weggespült. Einen weiteren Moment später tauchte ich, bzw. die Umgebung wieder auf und bewies mir, dass ich nicht träumte. Nein, ich befand mich im Badezimmer Gottes.

Aus meinen Träumen wurde ich jedoch auf dem Rückweg gerissen, als Timo mitsamt seiner Videokamera ausrutschte und ins hüfthohe Wasser fiel. Ihm ist Gott sei Dank nichts passiert. Den Kamera-Akku hatten wir binnen Sekunden aus der klitschnassen Kamera entfernt und müssen nun einfach hoffen, dass alles ohne bleibende Schäden trocknet.

Mit Einbruch der Dunkelheit erreichten wir wieder den Ausgangspunkt unserer Abenteuerwanderung. Der gelungene Nachmittag bekam noch einen faden Beigeschmack, als wir mit dem Einheimischen lange über sein Honorar verhandeln mussten und am Ende mit 7 USD pro Person sicherlich viel zu viel gezahlt haben. Jedoch ist es im Nachhinein immer schwierig zu verhandeln und fest steht auch, dass wir niemals alleine gegangen wären und außerdem eine richtig geile Zeit hatten.

Ab morgen früh geht es für Timo und mich nach Botswana. Wir wollen uns langsam aber sicher auf den Weg nach Maun machen, um von dort ins Okawango Delta zu starten.

Jamie liegt uns ständig in den Ohren und sagte, dass wir vorher unbedingt noch einen Abstecher in die Makgadikgadi-Salzpfannen machen und einen ominösen und mysteriösen Ort namens Kubu Island aufsuchen sollen.

Gespannt lauschten wir seinen Erzählungen und änderten am Ende unsere Reisepläne entsprechend ab.

Also ab in die Salzpfannen…

1,2: Luxus im Falty Towers Backpacker
3: Eine Postkarte macht Lust auf Mehr
4: Monkey-Business
5,6,8,9: Victoria Falls: Wasser in seiner reinsten Form
7: Devil´s Pool – Ein Sprung mit Wahnsinnsblick

Weiß, weißer, am weißesten

Freitag, 10.09.2010, Tag 42, Kubu Island, Botswana

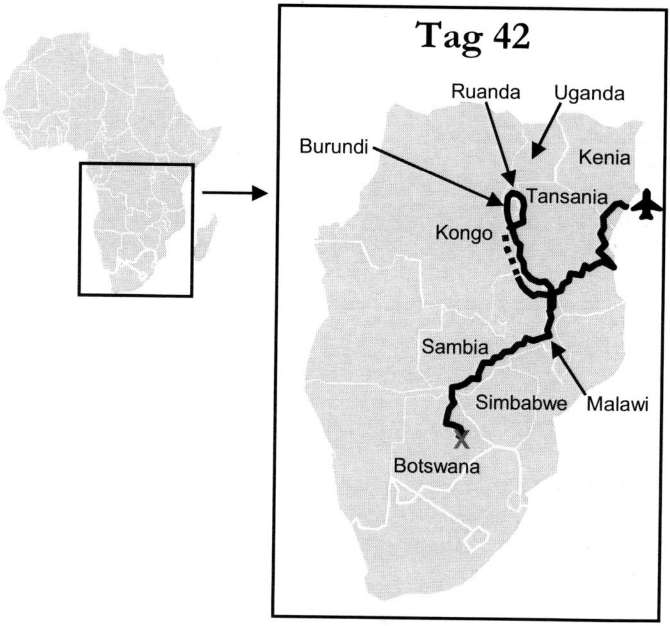

Weiß. Allumspannendes, glänzendes, schillerndes Weiß. Es ist vor mir, hinter mir, neben mir und unter mir. Millionen Tonnen prähistorischer Fisch liegen zusammengepresst als Kruste in den Salzpfannen am Rande der Kalahari-Wüste und leuchten weiß. Zwei Stunden sind Timo und ich durch diese unwirkliche Mondlandschaft gedüst, haben viele Szenen für unseren Afrika-Film gedreht und viel Blödsinn getrieben. Wir feiern, dass die Kamera nach Demontage und ausgiebiger Linsenreinigung wieder einigermaßen funktioniert und wir feiern uns.

Schöne Orte scheinen es mit sich zu bringen, dass sie nicht einfach zu erreichen sind. Vorgestern und gestern verlief die Fahrt unspektakulär auf ausgebauten Landstraßen. Wir hielten Ausschau nach wilden Tieren. Angeblich zeigen sich Elefanten, Giraffen und Co in beeindruckender Häufigkeit auf diesem Streckenabschnitt. Naja, außer Hunden, Katzen und ein paar Eseln haben wir nichts gesehen. Heute hingegen mussten wir das bequeme Touri-Terrain verlassen, von der Hauptstraße abbiegen und 90km im Vertrauen auf unser Navi mehr oder weniger durchs Nichts fahren.

Sand, Steine und Sträucher zierten die Strecke und machten die Anfahrt zu einer sportlichen Herausforderung. Die Belohnung konnte sich jedoch sehen lassen. Inmitten des kilometerlangen Weiß erstreckte sich eine 1km lange und 20m hohe Erhebung namens Kubu Island. Es handelt sich dabei um Felsgestein, das vermutlich im 17. Jahrhundert hier angelegt wurde. Von wem und warum, das ist ungeklärt. Kubu bedeutet aus der Sprache der Einheimischen übersetzt so etwas wie „Flusspferd" und ist sicherlich auf die lila-blaue Farbe der Felsen zurückzuführen.

Meilenweit war kein Anzeichen von Zivilisation zu erkennen und doch wies uns ein Schild mit der Aufschrift „Remote Campsite 12" den Weg. Kurze Zeit später trafen wir auf einen aus dem Nichts aufgetauchten Ranger und mussten die bereits im Reiseführer erwähnte „Touri-Pauschale" von 15 USD zahlen. Diese wird fällig, seitdem die Regierung den Ort als Nationalmonument erklärt hat und sich einige Zusatzeinnahmen erhofft.

Bei Einbruch der Dunkelheit zog der Himmel sich sein schönstes Sternenkleid an und Timo und ich beschlossen, die Sicht nicht durch eine Zeltplane einzutrüben. Kurzer

Hand machten wir uns ein Lagerfeuer, rollten die Schlafsäcke daneben und schauten in die Sterne, bis sich die Augenlieder schlossen.

Danke Jamie. Ja, dieser Abstecher hat sich gelohnt.

4 sind 3 zu wenig

Mittwoch, 15.09.2010, Tag 47, Maun, Botswana

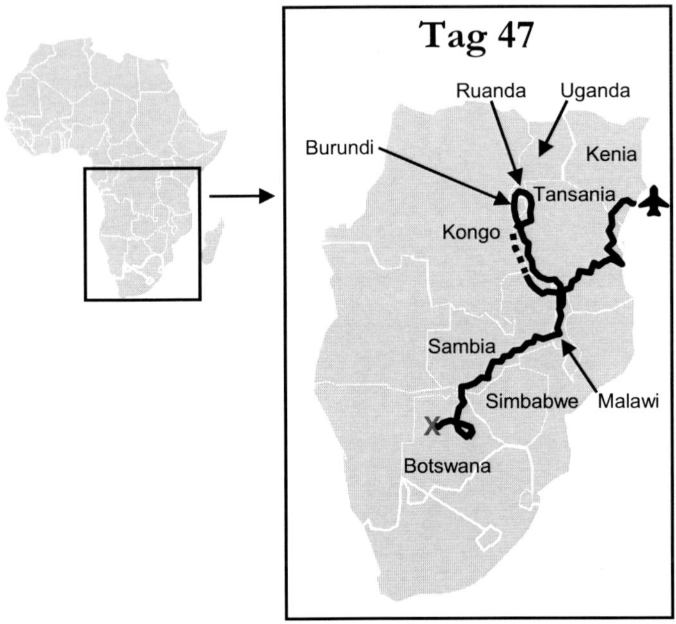

Verdammte Scheiße, mein Bike ist kaputt. Seit wir am Samstag von Kubu Island aufbrachen, sind wir vom Pech verfolgt. Zunächst sprang mein Bike nicht an. Die Batterie war leer. Anschieben klappte. Fünf Kilometer weiter ruckelte und zuckelte Timos Bike. Genau wie damals in Tansania konnte er kaum beschleunigen. Wir entschlossen uns zur bewährten Methode: Vergaser ausbauen, Einspritzdüsen reinigen und Stoßgebete gen Himmel über der Wüste senden.

Eine Stunde später montierten wir alles zusammen und mir fiel das ungewöhnlich leichte Gewicht des Tanks auf. Die böse Vorahnung bestätigte sich fünf Minuten später, nachdem wir die Reservekanister geopfert hatten und Timos Bike wieder einwandfrei lief. Er hatte schlichtweg kaum Benzin mehr und wir Trottel bastelten das halbe Bike auseinander. Fatale Fehldiagnose! Aufgrund seiner gebrochenen Tachowelle hatte Timo keinen Kilometerzähler mehr und somit auch keinen Überblick über die zurückgelegte Distanz. Und eine Tankanzeige besitzt die Transalp von Haus aus nicht.

Über uns selbst fluchend machten wir uns auf den Rückweg in Richtung Zivilisation. Analog zum Hinweg war es „Offroad-Riding par excellence". Knisternde Salzpfannen unter unseren Reifen ließen uns glauben, dass wir über hauchdünnes Eis schlidderten. Alle vier Seiten um uns herum waren eingerahmt vom immergleichen Anblick. Ein immergleiches Weiß des Salzes, das in der Ferne in immergleiches Blau des Himmels mündete. Irgendwie außerirdisch.

Ohne GPS wären wir heillos verloren gewesen. Wie in einem schlechten Film, stießen wir nach 20 Minuten Fahrt im Nichts auf einen Zaun. Maschendraht und Holzlatten waren Zeuge der Tatsache, dass wir nicht die ersten Menschen sind, die sich hierher verirrten. Und doch verirren wir uns im wörtlichen Sinne. Diesen Zaun gab es weder in den Karten, noch in meinem GPS. Wir fuhren daran entlang. 5km, 10km, 15km. Immer wieder sah es so aus, als würde der Zaun kurz vor dem Horizont enden, immer wieder wurde diese Grenze nach hinten verschoben. Dieser Zaun hatte kein Ende und zog uns immer weiter in die falsche Richtung. Orientierungslosigkeit hat mir niemals zuvor soviel Angst eingeflößt.

Unser Sprit wurde knapp, wir hatten die Reserve bereits im Tank und noch 100km vor uns. Eine völlig absurde Situation entstand. Timo und ich im weißen Nichts. Wild gestikulierend, emotional diskutierend. Ein Schritt vor und zwei Schritte zurück. Planänderung. Wir mussten umdrehen, fuhren 20km bis zu einem Punkt zurück, den wir auch auf dem Hinweg passiert hatten und siehe da: Ein Loch im Zaun, eine Durchfahrt. Ein Wachposten, der uns erläuterte, dass die Salzpfannen zu einem Nationalgebiet gehören und daher komplett eingezäunt sind. Wer zurück will, muss durch dieses Nadelöhr. Gott sei Dank hatten wir umgedreht. So schlüpften wir durch das Gate und fuhren weiter.

Nach 50km wandelte sich die Umgebung. Feldwege schimmerten durch das Unterholz der Steppenlandschaft. Doch unsere einsetzende Erleichterung löste sich binnen weniger Minuten auf. Aus vereinzelten Sandschichten wurden Sandmeere. Mit unserem Gepäck und unseren Maschinen war der Boden nahezu unbefahrbar. Sollte dies etwa der Anfang eines 10km langen Horrorweges sein, von dem uns Jamie berichtet hatte?

Immer häufiger verließen wir den ursprünglichen Weg, um abseits der Piste weiterzufahren. Anfangs wirkte dies wie eine elegante Problemumgehung. Wir waren stolz auf uns, feierten uns als Wüstencowboys im wilden Terrain. Doch die Herausforderungen nahmen stetig zu. Millionen Gräser und Sträucher wurden länger und dichter. Bis zu einem Meter hohe Halme versperrten uns teilweise komplett die Sicht auf den Untergrund.

Es war ein irres Gefühl den Boden, den man befährt, nicht zu sehen. So passierte, was passieren musste: Wir beide trafen unglücklich mit dem Vorderrad auf ein vom dichten Gras verdecktes Loch und flogen im hohen Bogen über den Lenker vom Bike. Außer dem Schrecken in den Gliedern war uns glücklicherweise nichts passiert.

Weiterfahren. Weiter quälen. Qual der Wahl, Pest oder Cholera, Sandweg oder dichtes Gestrüpp. Wir wechselten auf den „Weg“ zurück und strauchelten mit 10km/h durch den Sand. Wir flohen gefrustet vom Weg und versuchten unser Glück erneut abseits. Büsche wurden zu Bäumen, wildes Gestrüpp wurde zu dichtem Wald. Also probierten wir es erneut auf dem Weg.

Motor und Fahrer schwitzten um die Wette. Es herrschten knapp 30°C, Salzränder vom Schweiß zeichneten die Klamotten. Hunger und Erschöpfung meldeten sich. Laut Navi waren es noch beschissene 5km bis zur Hauptstraße. Timo konnte dank seiner längeren Beine deutlich besser das Bike auffangen, wenn es zur Seite kippte. Ich gab das Fahren quasi auf. Beine runter, 1. Gang rein, Schrittgeschwindigkeit. Jeder Fußgänger war schneller als ich. Diese Strecke widerte mich an. Die Motortemperatur war bei vollem Anschlag. „Komm schon“ flüsterte ich zu dem Baby unter mir, „5km noch dann bekommen wir beide den so bitter benötigten Fahrtwind“.

Dreißig Minuten vergingen. Häuserfassaden tauchten auf. Gweta, ein 3.000-Seelen Dorf war in Sichtweite. Timo stand 50m vor mir und hielt das Kameraobjektiv auf mich. Diese Einfahrt in die Zivilisation musste festgehalten werden. Doch ich konnte nicht mehr. Nicht nur körperlich. Es passierte einfach rein gar nichts mehr, wenn ich am Gashahn drehte. Als wäre der Leerlauf drin – doch das Schalten der Gänge war zu hören.

What the fuck was going on? Maschine aus, Maschine an, Maschine vorgeschoben, Maschine zurückgeschoben. Nichts passierte. Ich gab Gas und bekam keine Reaktion am Hinterrad zu spüren. Ok, Kippe rauchen, Lagebesprechung. Was auch immer mit meinem Bike geschehen ist – es war kaputt.

Ich blieb am Wegesrand, sofern man diese Sandsammlung so bezeichnen kann, sitzen. Timo fuhr den letzten Kilometer ins Dorf und versuchte Hilfe zu holen. Was auch immer „Hilfe" bedeutete. Zunächst war einfach nur wichtig, dass ich aus dem Sand herauskam. Über unsere Funkgeräte waren wir wenigstens weiterhin verbunden.

Für das Dutzend Kinder, die nach unserem Halt wie aus dem Nichts auftauchten und sich um mich herum setzten, gab ich bestimmt ein lustiges Bild ab. Da sitzt ein verschwitzter weißer Mann neben seinem Bike im Sand und spricht in einen schwarzen Plastikkasten, aus dem gelegentlich eine andere männliche Stimme ertönt.

Nach 45 Minuten war Timo zurück. Er stand auf der Ladefläche eines Geländewagens und warf mir zwei Seile zu. Ruckzuck war mein Bike hinter den Jeep geschnürt und ich wurde durch den Sand gezogen. Normalerweise sollte man im Sand das Gewicht nach hinten verlagern. Es gibt nichts Schlimmeres als ein eintauchendes Vorderrad. Deshalb ist auch Abbremsen im Sand ein „No-Go".

Da diese Abschleppkonstruktion jedoch an meinem Vorderrahmen befestigt war, grub sich mein Vorderrad permanent in den Sand. Mein Bike schlingerte und es war ein riesen Kraftakt die 300kg bei Schrittgeschwindigkeit in der Spur zu halten. In zwei Kurven legte es mich nieder, da der Pick-Up-Fahrer es anscheinend nur gut mit mir meinte und einfach mal etwas stärker Gas gegeben hatte.

Nein, es war kein cooles Gefühl von einem abgeschleppten Bike zu fallen und zu hoffen, dass man sich nicht in den Seilen verfängt. Eine halbe Stunde später war mir das jedoch alles egal. Wir saßen in der Gweta-Lodge an der Bar, ich gab dem Jeepfahrer einen Drink aus und erfuhr, dass wir mal wieder Glück im Unglück hatten:

Drei Tage zuvor hatte ich mich in dieser Lodge nach dem Zustand der Salzpfannen erkundigt und über unseren geplanten Ausflug nach Kubu Island gesprochen. Als Timo dann hier aufschlug und von meiner Hilflosigkeit berichtete, wies der Besitzer, Kean, direkt zwei seiner Jungs an, mich aus dem Sand zu ziehen. Abgesehen von dem Bier für die Truppe hat mich dieser Dienst nichts gekostet. Und wie der Zufall es so will, war Kean früher Rennfahrer. Auf Motorrädern! Beste Vorraussetzung also, um zu schauen, was meinem Baby fehlt.

Einen Tag und einen Ölwechsel später war es klar. Meine Kupplung war hinüber. Beim Ölablassen kamen mir Stücke der Kupplungsscheiben entgegen. Es ist kaum zu glauben, dass mir dies bei 200km Wüstendurchfahrt so nah an einem bewohnten Ort passierte und wir hier auch noch auf qualifizierte Hilfe trafen. Nicht auszudenken, wenn wir mitten in der Kalahari-Wüste liegen geblieben wären.

Sonntag saßen Timo und ich telefonierend am Pool oder surfend im Büro der Gweta Lodge und versuchten herauszubekommen, wo wir entsprechende Kupplungsscheiben für mein Bike herbekommen oder wie man improvisieren könnte. In Botswana gibt es genau eine Honda-Niederlassung und zwar in Gaborone, der Hauptstadt Botswanas. Leider wäre dies 1.000km in die falsche Richtung gewesen und ich erhielt zudem keine Bestätigung, ob das benötigte Ersatzteil überhaupt auf Lager wäre.

In Gweta selbst gab es unter den 3.000 Einwohnern niemanden, der mir in irgendeiner Weise weiterhelfen könnte und es gab auch niemanden, der in den nächsten Tagen mit einem Anhänger zum 200km entfernten Ort Maun fahren würde.

Maun war deshalb unser Ziel, weil es
a) auf der Route gen Westküste liegt,
b) Startpunkt für Ausflüge zum Okawango Delta ist, wir somit Wartezeit für Ersatzteile sinnvoll nutzen könnten und
c) es angeblich einen Motorradmechaniker in der 30.000 Einwohner-Stadt geben sollte.

Hoffnung machte uns zwischenzeitlich eine Geschichte, die auch zu schön gewesen wäre, um wahr zu sein. Ursprünglich war geplant, dass Ian Khama, der Präsident von Botswana, am Montag hier in der Gweta Lodge eintreffen wollte. Wer, wenn nicht der mächtigste Mann des Landes, hätte mir helfen können… Grund der geplanten Anreise war ein Charity-Lauf über die Salzpfannen und ein entsprechendes Medienevent. Doch unglücklicherweise sanken die Läufer immer wieder 10 bis 20cm tief ein, kamen nicht weiter und mussten ihr Rennen abbrechen. Ups, dies geschah im selben Bereich der Makgadikgadi Pans, in dem wir auch hin- und hergedüst sind. Glück gehabt, dass wir nicht auch eingebrochen sind. Pech gehabt, dass wir den Präsidenten nicht zu Gesicht bekamen.

Da sich von nirgendwo eine Lösung auftat, saß ich am Sonntagabend nach all der Recherche etwas ratlos und niedergeschlagen an der Bar, leerte Bierdose um Bierdose und starrte gedankenverloren auf unsere hintereinander geparkten Bikes. Von der untergehenden Sonne angestrahlt und von schnulziger Popmusik aus den Boxen der Bar begleitet, hatte es schon fast etwas Melancholisches.

Mein Gott, was haben Timo und ich, was haben mein Bike und ich, was haben Timos Bike und er, was haben wir Vier auf dieser Reise schon durchgemacht. Wir werden uns schon aus dieser Scheiße herausziehen. Und bei diesem Gedanken und dem Wort „Herausziehen“ musste ich schmunzeln. Trotzig dachte ich, dass Timo mich halt notfalls für die nächsten Wochen ziehen müsste.

Es dauerte genau zwei weitere Bierdosen, bis ich diese abwegige Idee gegenüber Timo ansprach. Seine Reaktion haute mich fast vom Stuhl: „Digga, da denke ich schon den ganzen Tag drüber nach, aber ich dachte, dass du mich für bescheuert hältst“. Wie sagt man so schön: Zwei Dumme – ein Gedanke.

Zumindest die 200km bis Maun sollten wir irgendwie schon schaffen. Tatendrang und Energie durchfluteten uns. Timo durchsurfte das Netz nach Leuten, die sich bereits mit ihren Bikes abgeschleppt hatten und stieß neben vielen lustigen Anekdoten auch auf einen super hilfreichen Tipp: Aus welchen Seilen, Zurrgurten oder Ähnlichem die Abschleppvorrichtung auch bestehen mag, ein alter Schlauch in der Mitte würde für ein deutlich belastungsärmeres Anfahren sorgen, da dieser wie eine Feder wirke.

Gedacht, gesagt, getan. Am darauffolgenden Montagmorgen telefonierte ich die letzten Händler ab, während Timo aus einem Spanngurt, einem Seil, meinem kaputten Schlauch aus Kigoma und vier Karabinerhaken eine „1a“ Abschleppvorrichtung bastelte.

Wir verabschiedeten uns, bedankten uns für die viele Unterstützung, unsere herzliche Aufnahme und fuhren vor den gespannten Augen der gesamten Gweta Lodge-Belegschaft davon.

Mir war so was von mulmig. Gefangen am Abschleppseil. Einhundertfünzig Zentimeter Abstand zu einem anderen Motorrad. Ich war permanent angespannt, hatte die Finger auf der Bremse ruhend, um zu reagieren, sobald Timo die Neigung am Gashahn veränderte.

Es dauerte vielleicht eine halbe Stunde bis wir aufeinander eingespielt waren. Erst zögerlich mit Tempo 30, dann immer sicherer mit 40, 50, 60km/h. Es ging immer geradeaus, der Teer hatte die Qualität von deutschen Bundesstraßen und Verkehr war nicht zu sehen. Perfekte Rahmenbedingungen, so dass ich nach zwei Stunden der Versuchung nicht widerstehen konnte und mit einer Hand die Kamera aus der Gürteltasche friemelte, um diese Momente während der Fahrt als Video festzuhalten.

Wir benötigten inklusive Pause knapp fünf Stunden, bevor wir nach der kritischen Überfahrt einer schmalen sandigen Wasserbrücke endlich im Bridge Backpackers in Maun ankamen.

Das „Bridge“, wie es vorzugsweise genannt wird, ist ein Ort, der uns auf dieser Reise mehrfach wegen seines herzensguten Besitzers Dave nahegelegt wurde. Mit ihm war ich die Tage zuvor schon per Telefon in Kontakt. Man hatte uns also erwartet. Jeder kannte unsere Story, klopfte uns anerkennend auf die Schulter und nach unserer Einfahrt flößte man uns zwei Schnäpse auf Kosten des Hauses ein.

Nette Begrüßung, netter Ort. Wir blieben erstmal an der Bar. Dort trafen wir auf Jörn und Kathrin, ein lustiges Paar aus Deutschland, mit dem wir uns auf Anhieb gut verstanden. Zu uns gesellen sich die beiden Schweizer Adi und Bruno von www.afrika-erfahren.ch und der KTM-Fahrer David aus Südafrika.

Unzählige Biere später trudelte am Abend dann jedoch leider die ernüchternde Botschaft aus der Hondazentrale aus Gaberone ein. Nein, die Kupplungsscheiben wären nicht verfügbar. Man müsste sie aus Südafrika importieren. Kosten inkl. Versand: 400USD. Zeit inkl. Versand: eine Woche.

In Deutschland würde ich für die Scheiben nicht einmal 50€ bezahlen müssen. Aber wir sind ja nicht in Deutschland. Dennoch, es wäre absolut idiotisch diese Investition zwei Wochen vor Abreise zu tätigen und hier eine Woche rumzusitzen. Mit dem in mir aufkeimenden Gefühl, dass dies mehr oder minder das Ende unserer Reise sein könnte, legte ich mich gestern schlafen.

Heute früh machten wir uns auf den Weg zum einzigen Motorradmechaniker in Maun. Natürlich „fuhr" ich wieder 1,5m hinter Timo – gefesselt am Abschleppseil. Der Anblick war noch irrwitziger als die Tage zuvor. Mein Bike sah schließlich nicht ganz „normal" aus. Wir hatten es am Morgen gestrippt: Auspuff ab, Verkleidung ab, ran an die Kupplung. Spezialwerkzeug, um an die Kupplungsscheiben heranzukommen, hatten wir nicht zur Hand und brachen somit gleich eine der Kupplungshalterungen ab.

Als wir dann nach dem berühmt berüchtigten Mechaniker Kevin fragten, ereilte uns der nächste Schock: Kevin war morgens für zwei Wochen in den Urlaub nach Mozambique aufgebrochen. Man könne uns nicht helfen.

Geht nicht, gibt's nicht. Wir erzählten unsere Story, deuteten mitleidig auf mein abgeschlepptes, halbnacktes Stück Motorrad und versuchten irgendwie die Aufmerksamkeit jedes Umstehenden zu ergattern. Nach zehn Minuten wurde Iwan auf uns aufmerksam. Sein Vorschlag hörte sich an, wie die allerletzte Option und das war sie auch!

Iwan ist Bootsmechaniker, hatte aber schon mal bei einem Traktor abgeschmirgelte Kupplungsscheiben durch selbstgeschliffene Aluminiumteile ersetzt. Dies wäre zumindest eine Idee, sofern mindestens die Hälfte meiner Kupplungsscheiben noch etwas Grip hätte. Und tatsächlich, während drei meiner sieben Kupplungsscheiben völlig verschlissen waren, konnte man die restlichen vier Scheiben noch einigermaßen gebrauchen. Iwan setzte seinen Plan in die Tat um und schraubte, hämmerte, bastelte, sägte und präsentierte nach vier Stunden Arbeit eine Kupplung, mit der ich wieder fahren konnte.

Seine Einschätzung zur Haltbarkeit dieser Improvisation lautete wie folgt: „Kupplung nur zum Anfahren benutzen, während der Fahrt die Gänge reintreten, dann geht's noch 2.000km gut“. Na sehr schön. Schließlich sind es 600km bis Windhoek und knapp 2.000 bis Kappstadt. Wirklich gut fühlt es sich auf dem Bike nicht an. Klar es fuhr, aber jede einzelne Umdrehung schien mir zuzurufen „ich funktioniere nicht korrekt, sei bloß vorsichtig“. Wenigstens hatten wir irgendeine Lösung und konnten uns ab jetzt um einen Ausflug ins Okawango Delta kümmern.

1: Abenteuer-Anfahrt über Stock und Stein
2,3: Remote-Camp 12: Sterne und Sterne
4,5: Kubu Island: Eine andere, eine weiße Welt
6,7: Patentwürdiges Abschleppmanöver
8: Blick in die Kupplung
9: Böse Gewissheit: Blanke Kupplungsscheiben

Alpha, Beta, Gamma, ab ins Delta

Samstag, 18.09.2010, Tag 50, Okavango Delta, Botswana

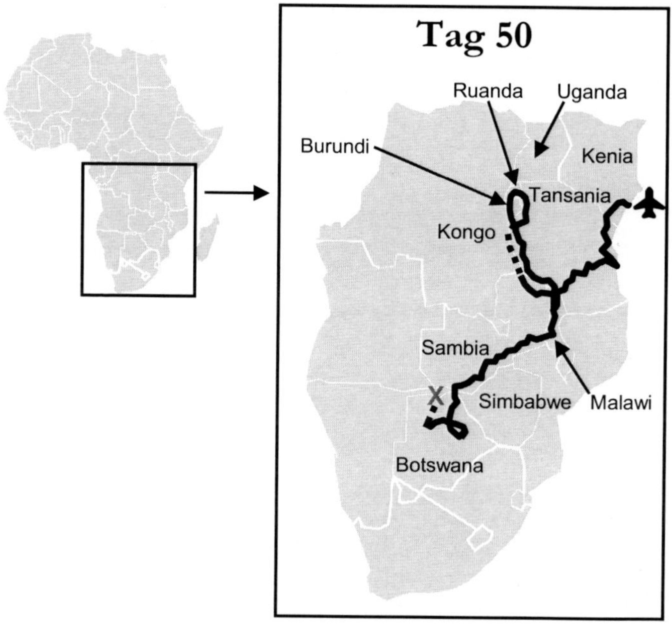

Ich atme ein und rieche frisches saftiges, grünes Gras. Es ist ein Geruch, der mich an frisch gemähte Wiesen und Fußballplätze erinnert. Seltsamer und abwegiger könnte dieser Gedanke jedoch nicht sein. Schließlich bin ich nicht Teil eines Sommergewitters in Deutschland, sondern sitze auf einem umgefallenen Baumstamm auf Chief Island im Herzen Botswanas. Alles vor mir ist mit einem halben Meter Wasser überflutet und seit ungefähr einer Stunde steht ein Elefant 100m von mir entfernt in diesem grünen Nass. Er futtert Tonne um Tonne das saftige Gras in sich hinein, ohne sich an meiner Anwesenheit auch nur im Geringsten zu stören. Die grüne „Wiese“

vor mir ist kein Sportplatz, sondern, wenn ich meinem Reiseführer glauben darf, der Garten Eden, bzw. das O-kavango Delta.

Die lustigste, kürzeste und wahrscheinlich auch treffenste Antwort auf die Frage, was das Okavango Delta denn überhaupt sei, ist meiner Meinung nach die Folgende: Das Okavango Delta ist ein Fluss, der in der Wüste verschwindet.

Es ist in der Tat so, dass sich der Niederschlag im Hochland von Angola sammelt und anstatt in irgendeinem Ozean zu versinken, 1.700km später im abflusslosen Landesinneren von Botswana als Fluss mit dem Namen „O-kavango“ versickert. Zum Ende hin verästelt sich der Okavango in zahlreiche Nebenarme und breitet sich, laut unserem Guide Leister, auf einem ca. 20.000 Quadratkilometer großen Feuchtgebiet aus. Zwanzigtausendquadratkilometer, das entspricht in etwa der Größe Hessens. Das ist ziemlich groß für eine überflutete Wiese an der Grenze zur Kalahariwüste. Wie Timo und ich hierher gekommen sind und was wir hier vorhaben?

Aufgebrochen sind wir vor drei Tagen. Zusammen mit den beiden Locals Leister und Travis alias „Snowflake“ sind wir direkt vor dem Bridge Backpackers in ein kleines voll beladenes Motorboot gestiegen. Normalerweise wählen die meisten Touristen entweder die 2- bis 3-Tagestour am Rande des Deltas mit einem Einbaumboot, dem sogenannten Mokoro. Oder aber sie lassen sich für teures Geld an abgelegene Orte im Delta fliegen, an denen selbst das Camping über 500 USD kostet. Unsere Art der Erkundung ist eine Mischung aus Motorbootetappen, Busch-Wanderungen auf den Inseln und einer Mokorofahrt im Inneren des Delta.

So düsten wir, den angenehmen Fahrtwind im Gesicht, ins Innere des Delta und lauschten den Erzählungen von Leicster und Co. Wir erfuhren, dass durch die massive Verzögerung der Flut auf dem Weg ins Delta, das Wasser hier genau zum Höhepunkt der Trockenzeit ankommt. Während es überall dörrt und furztrocken ist, wandern viele Tiere vom Umland ins Delta und machen diese Umgebung somit zu einer der eindrucksvollsten Naturregionen Afrikas.

Mit eigenen Augen durften wir einer Gruppe Elefanten beim Baden zuschauen. Gemeint ist nicht ein abseits gelegenes Becken, indem sich ein paar Dickhäuter vergnügen. Nein, wir wurden nach einer Kurve durch dichtes Schilf ganz unverhofft damit konfrontiert, dass die fünf grauen Riesen unmittelbar vor unserem Boot durchs Wasser wateten und sich dabei wuschen oder einfach nur abkühlten.

Welch einzigartige Gelegenheit wilde Tiere von einem Boot und aus so kurzer Distanz zu beobachten. Fasziniert und atemlos griffen Timo und ich zu Foto- und Videokameras und ärgerten uns über die ruckartigen Bewegungen des Bootes. Warum zur Hölle versuchte unser Fahrer das Boot zu drehen? Die Erklärung gab er im Nachhinein ab: Elefanten sind keine Kuscheltiere. Besonders nicht, wenn sie gerade beschäftigt sind und man sie nervt. Also drehten wir kurz ab, blieben in manövrierfähiger Position ca. 30m vor den Elefanten stehen und beobachteten das Treiben aus sicherer Entfernung.

Am ersten Abend stießen wir zu James, einem weiteren Manager der „Bridge“, der gerade mit seiner Familie ein paar Tage im Delta chillte. Wir wurden familiär aufgenommen und schlugen alle gemeinsam bei einbrechender Dunkelheit unsere Zelte auf.

Für Timo und mich waren diese Zelte ungewohnter Komfort, da sie eine Matratze im Boden hatten. Außerdem war die Außenhaut nicht blickdicht, das heißt man konnte die ganze Nacht Sterne beobachten, während man weich gebettet war. Zufriedenes Einschlafen mit Garantie.

Am nächsten Tag, also gestern, trafen wir auf eine Gruppe bayrischer Touristen über 50 Jahre, mit denen wir die restlichen zwei Tage dieser Tour verbringen sollten. Bis zum Anblick der Neuankömmlinge war die Spannung hoch, da Dave uns beim Backpackers noch hinterher rief, dass er uns einige Bayern zuschicken würde und uns Spass garantierte. Auf die Frage, ob es sich um guys oder girls handeln würde, schwieg Dave damals genüsslich.

Jetzt war uns auch klar warum. Entgegen unserer vom ständigen Alleinsein geprägten Vorstellungen, bekamen wir 4x das Prädikat dickbäuchig statt 4x dickbrüstig. Der Kontrast zwischen ihnen und uns hätte kaum größer sein können.

Für uns waren diese Tage Luxus, jedenfalls bezogen auf Unterkunft und Essen. Für die Vier war es der größte Verzicht während ihrer akribisch geplanten dreiwöchigen Namibia-Rundreise. Es passte ins Bild, dass sie am Anfang dachten, dass Timo und ich mit zur Crew gehören würden. Wahrscheinlich packten sie auch deshalb nicht mit an, wenn wir die Zelte mit auf- und abbauten oder unsere Hilfe beim abendlichen Essen kochen anboten. Gruppen-Harmonie sieht anders aus.

Nach dem gestrigen Abtasten waren wir heute jedoch einigermaßen warm geworden und ich musste immer wieder schmunzeln, wenn die Bayern mit ihrem Akzent über „Märsche“ (Bushwalks) und „Zeltlager“ (Camping) sprachen. Außerdem fand ich es dann doch irgendwie cool, dass die „Vereinskameraden“, wie sie sich selbst bezeichnen, in ihrem Alter für drei Wochen mit einem Auto durch Namibia fuhren, während der Großteil ihrer Altersgenossen vor dieser Aufgabe zu viel Scheu hätte.

Gemeinsam erlebten wir faszinierende Tage. Ich kam mir vor wie inmitten einer Sendung vom „Discovery Channel“. Wir beobachteten Nilpferde und Krokodile vom Boot aus. Trotz eingehaltenem Sicherheitsabstand zu den Nilpferden ist deren schiere Maul-Größe imposant. Doch auch die Krokodile waren nicht minder spannend. Wir wurden Zeuge, wie sich die Tiere aus einer scheinbaren Schockstarre zu einer blitzschnellen Bewegung hinreißen ließen und wieder aus unserem Sichtfeld verschwanden. Ein seltsames Gefühl, wenn man kurz zuvor noch an einer „sicheren, weil flachen“ Stelle schwimmen war… Es fasziniert mich, wie unsere Guides die Natur lesen, wie sie aus Abdrücken eine Spur erkennen, wie sie Bewegungen der Tiere deuten und einem das Gefühl geben, als verständen sie die Sprache der Tiere.

Bei einem der Buschwalks schlichen wir unglaublich nah an eine Gruppe Zebras heran. Ich war der Natur noch nie so nah. Das Leben hier ist real, es gibt keine Trennung in Eingesperrte und Besucher. Das Okawango Delta ist kein Zoo, hier ist der Mensch nur ein Tier unter vielen.

Schöne Momente. Nachdenkliche Momente. Und wenn sich abends der feuerrote Ball am Himmel ins Wasser niedersenkte, hatte ich das Gefühl, dass dieser Ort zeitlos sei.

Einzig der eingeschobene Mokoro-Trip hätte nicht sein müssen. Eins der Einbaumboote war deutlich zu schmal und zudem undicht. Aus Respekt vor dem Alter der Anderen, war auch schnell klar, dass Timo und ich eben dieses nehmen würden. Den ganzen Vormittag saßen wir mit dem Hintern im Wasser. Scharfe Schilfhalme ritzten Schachbrettmuster in unsere Oberarme und der „Steuermann" rief alle fünf Minuten, dass wir still sitzen sollten, da wir sonst umfallen würden. Nein danke, da sitze ich doch lieber auf meinem Bike und düse durch Sandpisten. Selbst wenn ich von Timo gezogen werden muss.

Heute Abend werden wir wieder festen Boden unter den Füßen haben, sicherlich ein paar Abschiedsbiere an der lieb gewonnenen Bar im „Bridge" trinken und ab morgen die restliche Etappe zur Westküste in Angriff nehmen.

1: Chillige Fortbewegung
2: Angst bei der Morgendusche
3-7: Wasserfeinde & Landfreunde
8,9: Animalische Souvenirs
10: Ertrinkende Feuerbälle

Multiple Choice – ein Kampf mit Krampf

Donnerstag, 23.09.2010, Tag 55, Windhoek, Namibia

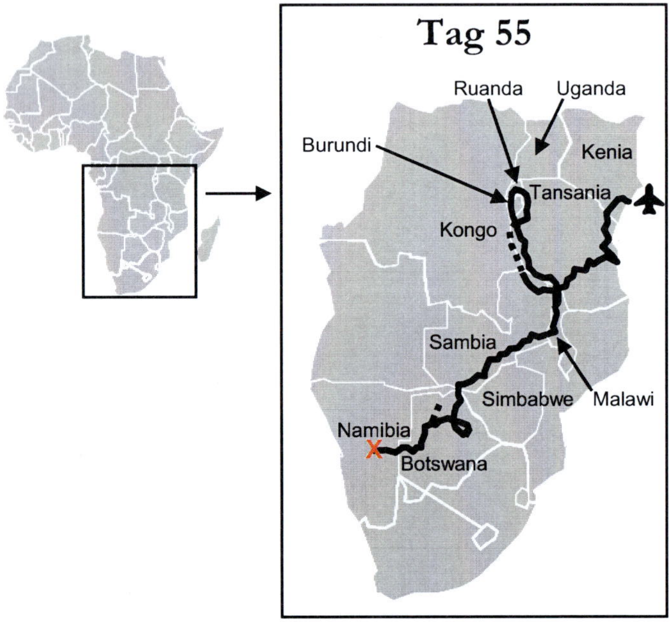

Das Positive vorweg: Wir sind inzwischen in Namibia angekommen und das Verschiffen unserer Bikes ist geklärt. Ansonsten waren die letzten fünf Tage ziemlich beschissen. Timo und ich haben uns drei Mal ordentlich gefetzt, mit meiner Freundin zu Hause liege ich ebenfalls im Streit, mein Bike ist jetzt endgültig kaputt und wir haben, während ich diese Zeilen schreibe, noch keine Ahnung, wie wir die letzte Woche dieses Trips verbringen wollen.

Am vergangenen Sonntag sind Timo und ich aus dem Delta zurückgekehrt. Von der Isolation zurück in die Zivilisation hatten wir mal wieder Probleme mit unserer Simkarte. Während unserer Abwesenheit gesendete SMS wurden vom Provider nicht zugestellt und es kam zu diversen Missverständnissen mit den Liebsten daheim.

Nicht wirklich gut gelaunt vertieften Timo und ich uns noch in der „Bridge" in eine hitzige Diskussion über die Weiterreise. Weil ich meinem improvisiert reparierten Bike so allerhand zutraute, plädierte ich für die 2.000km Fahrt gen Kapstadt, am liebsten mit Abstecher nach Lüderitz, einer Geisterstadt im Westen Namibias. Timo hingegen fiel bei meinen Ideen aus allen Wolken und war der Meinung, dass unser einziges Ziel im Verschiffen der Bikes läge und wir daher lediglich bis nach Windhoek fahren sollten.

Am Ende siegte die Vernunft vor Tatendrang und wir fuhren Montagmittag 300km bis zum Etappenstopp nach Ghanzi. Schnell wurde deutlich, dass es weise war auf Timos Vernunft zu hören. Mein Bike fuhr alles andere als normal. Die Höchstgeschwindigkeit nahm immer weiter ab, schneller als 90km/h konnte ich schon gar nicht mehr fahren. Immer wieder ging die Drehzahl nach oben, ohne dass ich den Gashahn betätigte. Glücklicherweise hatten wir asphaltierte Straßen unter uns. Dennoch blieb ein niederschmetterndes Gefühl auf diesem nicht funktionierenden Haufen Metall zu sitzen.

Das Highlight des Tages bestand darin, dass uns ein überdimensionaler Strauß abends bei unserem Zelt besuchte und anscheinend weder er noch wir wussten, was wir vom jeweils Anderen halten sollten.

Der nächste Morgen begann mit erschreckend kaltem Wetter. Auf mehr als 10°C stieg das Thermometer nicht. Da wir jedoch fast 500km bis nach Windhoek vor uns hatten, mussten wir zeitig los. Als ich nach 15km anhielt, um ein weiteres T-Shirt und meine Sturmhaube anzuziehen, motzte Timo rum. Ich sollte gefälligst weiterfahren, er hätte ja auch nichts mehr zum Anziehen. Richtig, Timo hatte auf dem Hinweg nach Kubu-Island seine Jacke verloren. Ach und jetzt sollte ich leiden, weil er nichts mehr zum Anziehen hatte. Tolle Logik, guter Start in den Tag.

Und es ging genauso weiter. Nach 30 Minuten Fahrt traute ich meinen Augen nicht, als ich mehr beiläufig aufs Navi schaute. Die Kreuzung nach Windhoek, welche eigentlich erst in ca. 10km kommen sollte, lag angeblich schon hinter uns. Konnte doch gar nicht sein. Sollten wir vor lauter Bibbern etwa wirklich die Kreuzung verpasst haben? Ich sprach ein kurz angebundenes „Wir sind zu weit gefahren“ ins Funkgerät und drehte die Maschine um. Timo fuhr hinter mir und antwortete genauso kurz: „Das ist nicht dein Ernst! Idiot!“

Ich schwieg und trat den Rückweg an. Nach der ersten Kurve sah ich Timo nicht mehr im Rückspiegel und wurde langsamer. Nach zwei Minuten war er immer noch nicht zu sehen. Ich erkundigte mich per Funk – keine Reaktion. Also hielt ich am Straßenrand, funkte ihn mehrfach an – keine Reaktion. In diesem Moment sprang mein Navi wieder in die automatische Karten-Ansicht und suggerierte mir, dass wir noch nicht über die erwähnte Kreuzung gefahren sind. Ich glaubte meinen Augen kaum, zoomte hin- und her und tatsächlich: Aufgrund dessen, dass wir uns genau an der Grenze zwischen Botswana und Namibia befinden, sprang das Navi immer zwischen zwei unterschiedlichen Hintergrundkarten hin- und her und zeigte in einer einzigen Zoomstufe eine falsche Position an.

Na toll, also drehte ich wieder das Bike und fuhr zurück. Von Timo hatte ich immer noch nichts gehört und sorgte mich langsam. Doch kaum, dass ich wieder in seinem Blickfeld auftauche, er stand am Straßenrand an der Stelle, an der wir das erste Mal gedreht hatten, rauschte es durch die Helmkopfhörer: „Na, was jetzt? Geradeaus, zurück oder wie?“

In mir kochte es. Die Tatsache, dass Timo meine Funksprüche mit Ignoranz abgestraft hatte, kotzte mich an. Denn egal, wie sehr man sich auch gerade anpisst, wir sind von einander abhängig und da kann keiner von uns einfach so auf stumm schalten. Timo hingegen rechtfertigte sich damit, dass er abgestiegen sei, um seine Klamottenschichten neu anzuordnen und ohne den Helm schlichtweg nicht gehört hatte, dass ich funkte.

Jetzt wurde ich zickig, stöpselte demonstrativ das Funkgerät aus und statt dessen meinen MP3-Player an. Back on the road wäre ich am liebsten davon geheizt, aber mein Bike wurde immer langsamer. Es war das erste Mal auf dieser Reise, dass ich mir wünschte alleine zu sein und ich drehte sogar meine Rückspiegel um 90° nach Innen, um Timo nicht sehen zu müssen. Welch kindische Reaktion.

Nach 40km zwang uns das Schicksal wieder miteinander zu reden. Mein Bike verabschiedete sich mit einem Geräusch, als würde man Baseballschläger auf ein Uhrwerk niederprasseln lassen. Ich bekam unter lauten Nebengeräuschen gerade noch den Leerlauf rein und will mir gar nicht vorstellen, was im Getriebe passiert ist. Vielleicht haben sich die Aluminiumteile des Bootmechanikers aus

Maun gelöst und sind ins Getriebe gewandert. Ein kaputtes Getriebe wäre wohl mit einem Totalschaden gleichzusetzen. Da Timo und ich ja bereits mit dem Abschleppen vertraut waren, brachten wir wortlos unsere Halterungen an und waren 20 Minuten später wieder unterwegs.

Wir waren gezwungen zu funktionieren. Und nach zwei Pausen sowie einer kurzen Aussprache wurde aus funktionieren auch wieder harmonieren. Uns beide verbindet so viel mehr als diese zwei Meter Abschleppseil. Schön, dass aus Basti und Timo wieder „bastimo" wurde.

Die abgeschleppte Weiterfahrt verlief problemlos, ja fast schon routiniert. Wir entschieden uns bis nach Windhoek durchzufahren – trotz der Gewissheit, dass wir erst im Dunkeln eintrudeln würden. Was wir jedoch nicht wussten: Windhoek ist genauso bergig wie Athen oder San Francisco und längst nicht so unbefahren, wie die zurückliegenden Kleinstädte.

Die Tatsache, dass meine Batterie den Geist aufgegeben hatte und ich gar kein Licht mehr an der Maschine hatte, erschwerte unsere Einfahrt in die Hauptstadt Namibias um 21 Uhr zusätzlich. Zwei sich abschleppende Bikes im Dunkeln. In einer hügeligen, dicht befahrenen Stadt mit 500.000 Einwohnern. Es gibt sicherlich bessere Rahmenbedingungen. Doch allen Steinen, die sich in unseren Weg legten zum Trotz, sind wir vorgestern heile hier angekommen.

Obwohl am Ende doch alles geklappt hat, merke ich wie die letzten Tage an meinen Nerven zehrten. Blöderweise bekam das genau die Person ab, die es am wenigsten verdient hat. Ich reagierte angespannt und eifersüchtig auf SMS meiner Freundin und erkenne mich gerade manchmal selbst nicht. Gott sei Dank gibt es Telefone und so konnten wir das abends wieder klären. Meine Ungerechtigkeit tut mir immer noch leid.

Gestern konnten Timo und ich uns endlich um den Versand der beiden Bikes kümmern. Wir brachten sie früh morgens ins Industriegebiet zu Etosha Transport und sperren sie dort hinter Gittern im Lagerhaus ein. Von hier sollen sie in den nächsten Tagen nach Kapstadt verschifft werden, um dann von dort mit CD Shipping ihren Weg nach Deutschland anzutreten. Zwei Monate lang haben wir die beiden wie unsere Augäpfel gehütet und liebevoll „babes" genannt. Zwei Monate lang waren wir zu viert unterwegs, haben Afrika von Ost nach West durchquert, sind über Pisten gebrettert, die uns zusammengeschweißt haben, obwohl Teile auseinander gebrochen sind. Zwei Monate… und jetzt lassen wir sie in diesem Lager zurück.

Ja, das ist ein emotionaler Moment und nein, das muss niemand außer uns verstehen. Die Metamorphose vom Biker zum Fußgänger ist eine seltsame Verwandlung. Laufen ist anstrengend. Wo ist der Fahrtwind? Warum bewegt sich die Landschaft so langsam? Wieso muss ich nicht den Funk drücken, um zu reden? Wo ist das Navi, das mir den Weg weist? Wir liefen durchs Industriegebiet und stolperten an einem Motorradhändler vorbei.

Ein Blick von mir, ein Blick von Timo. Zwei nickende Köpfe und Sekunden später umlagerten wir den Besitzer. Doch der erklärte uns: „Motorräder verleihen – nee, das geht in Namibia aus versicherungstechnischen Gründen nicht ohne Tourguide." Wir ließen uns nicht entmutigen und klapperten im Laufe des Tages diverse Motorradgeschäfte ab. Letztendlich mussten wir aber aufgeben und fielen müde und desillusioniert in unser Zelt.

Heute Nachmittag hielten wir an der Bar unseres Backpackers eine Lagebesprechung ab. Die Optionen für unsere letzte Woche multiplizierten sich, anstatt sich zu eliminieren. Erneut waren Timo und ich nicht einer Meinung. Wir argumentierten leidenschaftlich, jedoch ohne zu streiten.

Wir könnten mit geliehenen Bikes durch Namibia düsen. Ja, wir hatten jemanden gefunden, der uns seine Motorräder für ein paar Tage leihen würde – allerdings sind wir preislich derart auseinander, dass Timo diese Variante als gescheitert ansah.

Oder wir hängen noch drei Tage hier in Windhoek rum, machen eine organisierte Tour in die Dünen zum Sandboarden und fahren danach mit dem Bus nach Johannesburg, um von dort nach Hause fliegen. Das hörte sich aber nicht gerade nach Abenteuer an und die Wandlung vom Abenteurer zum Touristen wollten wir nicht zulassen.

Oder wir nehmen uns einen Mietwagen und cruisen mit diesem nach Johannesburg. Die One-Way Gebühr beträgt jedoch unbezahlbare 300 USD.

Oder wir setzen uns morgen in den Bus nach Kapstadt und holen uns dort entweder Bikes oder Mietwagen oder gehen einfach feiern.

Und noch während ich dies schreibe, wissen wir nicht, was der morgige Tag uns bringen wird und für welche Option wir uns letztendlich entscheiden werden. Aber noch haben wir einen leeren Abend und viele volle Bierflaschen vor uns.

Perfekte Umstände um die vielen „Oders“ zu diskutieren.

Fremdfahren oder Offroad für Fortgeschrittene

Sonntag, 26.09.2010, Tag 58, Walvis Bay, Namibia

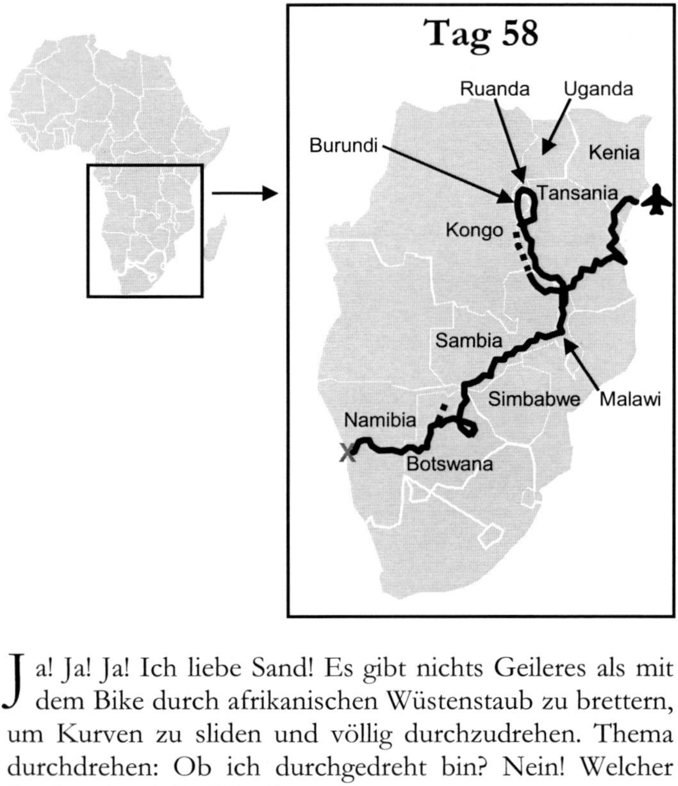

Ja! Ja! Ja! Ich liebe Sand! Es gibt nichts Geileres als mit dem Bike durch afrikanischen Wüstenstaub zu brettern, um Kurven zu sliden und völlig durchzudrehen. Thema durchdrehen: Ob ich durchgedreht bin? Nein! Welcher Sand und welche Bikes?

Nun, unsere intensive, von Bier getränkte Diskussion über die Gestaltung der letzten Woche endete mit einem ausgiebigen Telefonat mit Werner. Werner ist der Gründer von „africanmotiontours“ und hatte Erbarmen mit uns

„bikelosen boys“. Normalerweise veranstaltet Werner diverse geführte Offroad-Touren durch Namibia – nur in Ausnahmefällen verleiht er seine Prachtschiffe, ohne selbst mit von der Partie zu sein.

Wir konnten uns auf einen äußerst fairen Preis einigen und sind seit drei Tagen auf zwei gelben Biestern unterwegs. Blanke Enduro-Maschinen aus dem Hause Suzuki ohne Straßenzulassung wummern unter unseren Hintern. 130kg Leergewicht, 40 Pferde, keine Koffer, kein Gepäckträger. Nur Timo, ich und zwei neue Babys mit Namen „DRZ 400“.

Unser Gepäck war bereits halbiert, da wir ca. 50% unserer Klamotten, Reserveteile, etc. direkt mit unseren Bikes gen Heimat verschifft haben. Dieses Gepäck halbierten wir nochmals, ließen die eine Hälfte im Backpackers in Windhoek stehen und nahmen die andere Hälfte mit zu Werner. Als dieser jedoch ungläubig auf unsere beiden Rucksäcke, die Zeltrolle und eine separate Tasche schaute, halbierten wir nochmals das Gepäck. Wenn ich richtig rechne, waren wir bei 1/8 unserer ursprünglichen Gepäckmenge angekommen. Und genau so sattelten wir schließlich auch die Bikes. Jeder von uns hatte einen Tagesrucksack auf dem Rücken und einem Schlafsack hinten an die Maschine gezurrt.

Kein Zelt, keine Ersatzteile, kein Kocher, kein Essen, kaum Technikram und nur eine Gaderobe zum Wechseln. „Reduce to the max“ oder „Weniger ist mehr“ hätte unser Motto sein können.

Als wir Werners Hof verließen und uns aufmachten, einen 1.200km großen und fünf Tage andauernden Offroad-Kreis um Windhoek zu ziehen, da umströmte mich das

Gefühl purer Freiheit. Kein Wunder, schließlich lag die letzte Fahrt mit einem funktionierenden Motorrad genau zwei Wochen zurück! Der kleine Ein-Zylinder ruckelte unter mir und bettelte darum, seine Kräfte entfesseln zu dürfen.

Nach 80km Asphalt auswärts von Windhoek nahmen wir Kurs auf die Spitzkoppe, einen 700m hohen Berg, der auch als Matterhorn Namibias bezeichnet wird. Timo hielt neben mir, grinste über beide Ohren und rief mir zu: „Wenn du jetzt noch mein Rucksack und meinen Schlafsack nimmst, dann bin ich vogelfrei!" Um seinen Worten Nachdruck zu verleihen, tippte er sich zunächst an den Schulterriemen des Rucksacks und drehte sich dann zum Heck seiner Maschine.

Dies war der Moment, indem Timo und mir zum x-ten Mal auf unserer Reise das Herz in die Hose rutschte. Dort, wo eigentlich Timos Schlafsack ans Bike gebunden war, herrschte gähnende Leere. Und noch viel schlimmer: An dem Schlafsack waren zusätzlich Timos Sneaker und der heilige Werkzeuggürtel von Werner befestigt. Ein Gürtel voller Spezialteile, die sich im Laufe der Jahre angesammelt hatten. Ein Stück von höchster persönlicher und materieller Bedeutung. Etwas, das Werner uns vertrauensvoll in die Hand gedrückt hatte. Und jetzt war es weg!

Sofort drehten wir beide um, fuhren zurück bis zur Hauptstraße, zurück bis zu dem Ort unserer letzten Pause. Wir fuhren die Strecke abwechselnd links und rechts ab. Wir hielten jeden Autofahrer, Fußgänger und Kutscher an und mussten nach drei Stunden Suche und einbrechender Dunkelheit die Suche aufgeben.

Kann das Unglück sich mal bitte jemand anderen suchen??? Ich finde, wir haben auf diesem Trip genug durchgemacht!

Wir besonnen uns darauf, dass Ehrlichkeit am längsten währt und sendeten die Hiobsbotschaft vorgestern direkt per SMS an Werner. Er reagierte verständnisvoll statt verärgert. Ersatz werden wir natürlich besorgen.

Wir konnten direkt an der Spitzkoppe in einer kleinen Hütte nächtigen. Dort draußen war eine traumhafte Stille. Wenn der Kopf frei gewesen wäre, hätte man hier bestens entspannen können. Doch unser Kopf war von Schuldgefühlen geplagt.

Neuer Tag – neues Glück. Noch vor dem Frühstück sind Timo und ich zum Sonnenaufgang die Spitzkoppe hinaufgewandert. Die Felsen leuchteten in warmen Rottönen und wir genossen einen kilometerweiten Blick ins Landesinnere von Namibia. Nach einem ausgiebigen Frühstück begann der wohl „offroadigste" Tag dieses Abenteuers.

Timo und ich fühlten uns wie bei der Ralley Dakar. Wir heizten mit durchdrehenden Reifen, bremsten slidend im 90° Winkel und hüllten unsere Umgebung in einen Regen aufwirbelnder Steine. Der Weg am Fuße der Spitzkoppe war unser Ralley-Parkour. Die zwitschernden Vögel auf den Bäumen waren das Publikum, das uns anfeuerte. Nach einer Stunde waren wir erschöpft, reduzierten Adrenalin- und Geschwindigkeitslevel und fuhren mit normaler Reisegeschwindigkeit weiter gen Westen.

An einer Tankstelle in Hentiesbay liefen wir per Zufall einem Quadbiker über den Weg und erhielten den Hinweis, uns auf einer nahe gelegenen, notdürftig zusammengeschaufelten Crossstrecke auszutoben. So etwas ließen wir uns natürlich nicht zweimal sagen und cruisten solange durch den Dreck, bis die Armmuskeln übersäuerten und ihren Dienst versagten. Mit den neuen Motorrädern konnte man so herrlich durch den Sand brettern, das war einfach unbeschreiblich. Kaum zu glauben, dass ein Untergrund, der mir beim Befahren mit meiner Transalp Angst und Schrecken eingejagt hätte, nun genüsslich gemeistert wurde.

Hentiesbay war ein bedeutender Zwischenstop auf unserer Route. Es war der Ort, an dem wir die Westküste Afrikas erreichten. Die Durchquerung von der Ostküste hatten wir in Mombasa, bzw. mit Wasserkontakt im Indischen Ozean in Peponi, Tansania, begonnen und sie in Hentiesbay abgeschlossen.

Lange hielt es uns jedoch nicht an diesem Ort und an Schwimmen im Atlantischen Ozean war nicht im Geringsten zu denken. Je weiter wir uns der Küste mit dem Angst einflößenden Namen „Skeleton Coast“ näherten, desto kälter wurde es. Auf den Kilometern bis zur Seelöwenkolonie nach Cape Cross blies uns ein nasskalter Wind durch die luftige Sommerbekleidung. Für Temperaturen knapp über der 10°-Grenze waren wir definitiv falsch angezogen.

Jede Tankstelle wurde sehnlichst erwartet und von uns als Wärme spendende und vor Wind schützende Bastion missbraucht. Wir waren definitiv eine Attraktion für die Locals vor Ort und bei ihrem Gelächter waren wir ein ums andere Mal nicht sicher, ob wir an- oder ausgelacht wurden. Timos körperliche Leiden gingen sogar soweit, dass er sich gestern in einem Art Schlecker-Shop eine Daunenjacke für sechs Euro kaufte – er fuhr seit dem Jackenverlust bei Kubu Island quasi „oben ohne“.

Und was macht man an einem derart arschkalten heutigen Sonntag? Man räumt die Chips-, Bier- und Schokolade-Regale eines Supermarktes leer, sucht sich ein Gästezimmer mit Fernseher und chillt sich ab 17h unter die Daunendecke. Und genau hier liege ich und schreibe Zeile um Zeile, trinke Bier um Bier und rauche Kippe um Kippe. Und dabei fällt mir ein, dass ich unsere actionreiche Betätigung am heutigen Morgen fast unterschlagen hätte.

Wir hatten uns mit 15 anderen Wagemutigen um 09.30h in die Dünen der Namib-Wüste bringen lassen, um dort auf Snowboards dem Sandboarding zu frönen. Abgesehen davon, dass es keine Lifte gab und der Aufstieg entsprechend anstrengend verlief, war es ein echt cooles Erlebnis. Spätestens beim Anblick des aus Holz gezimmerten Kickers waren Spieltrieb und Ehrgeiz gleichermaßen geweckt und wir beide legten einige ordentliche Dünen-Runs auf Sandparkett.

Unterm Strich steht für mich fest: Diese letzte Enduro-Woche ist der krönende Abschluss eines Wahnsinnsabenteuers und ich bin saufroh, dass wir diese Variante gewählt haben und ich jetzt nicht irgendwo in Kapstadt rumhänge.

Obwohl, wahrscheinlich hätten wir uns auch dort ein paar abgefahrene Sachen überlegt. Vor uns liegen jetzt noch zwei Offroadtage, die Rückkehr nach Windhoek, der Inlandsflug nach Johannesburg und dann der Weiterflug nach Frankfurt. Ich kann überhaupt nicht begreifen, dass das Ende so nah sein soll.

Abschleppdienste und kleine Gangsterbacken

Mittwoch, 29.09.2010, Tag 61, Windhoek, Namibia

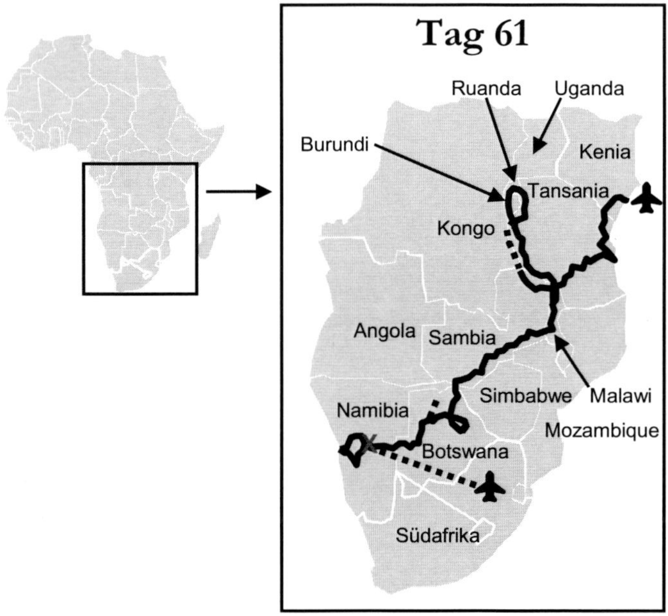

Als wir vorgestern aus dem kalten und regnerischen Walvis Bay in Richtung Südosten dem Landesinneren entgegenfuhren, wurde es von Minute zu Minute wärmer.

Dafür wurden die Entfernungen zwischen den Tankstellen mittlerweile so groß, dass wir zwischenzeitlich einen 5l Wasserkanister als Reservetank missbrauchen mussten. Umso lustiger war es, dass unsere tropfengenaue Kalkulation aufging und Timo 100m vor der nächsten Tankstelle liegen blieb. Ich stand zu dieser Zeit bereits mit gezückter Kamera an der Zapfsäule und filmte die Einfahrt des schiebenden Timos. Schadenfreude ist eine schöne Freude. Nach einigen dummen Sprüchen konnte die Fahrt weitergehen und es dauerte nicht lange, bis Timo für den nächsten ungeplanten Zwischenstopp sorgte:

Er hatte sich einen Platten gefahren und Dank des verlorenen Werkzeuggürtels hatten wir keine Chance, um mit der Reparatur zu beginnen. Also fuhr er im zweiten Gang weiter und lehnte Gewicht nach vorne, um das platte Hinterrad entlasten. So erreichten wir unser Tagesziel Sossusvlei mit Schrittgeschwindigkeit. Auch hier hatten wir Glück im Unglück, da die Mechaniker der nächsten Tankstelle uns sofort helfend zur Seite standen. Dreißig Minuten später war alles wieder heil.

Die für abends geplante Fahrt in die Dünen wurde auf den nächsten Morgen verschoben und wir versuchten bei tosenden Wüstenwinden und peitschendem Sandkornregen, etwas Schlaf zu finden. Es war gar nicht so einfach ohne Zelt und ohne Isomatte, gebettet auf hölzernen Planken und zusammengekauert hinter einem klappernden Windschutz ins Land der Träume zu versinken.

Irgendwann gelang uns dies dann endlich und es fühlte sich so an, als würde lediglich fünf Minuten nach dem Einschlafen schon wieder der Wecker klingeln. Um 5.30 Uhr ließen wir uns gestern von einem Ranger abholen und 60km ans Ende der Sossusvlei Düne bringen.

Draußen war es dunkel. Sternenklare Nacht umgab uns. Kalter Wind wirbelte durch den offenen Jeep. Der Fahrer erzählte uns die Entstehungsgeschichte der Dünen, während Timo und ich uns unsere Kapuzen tiefer ins Gesicht zogen.

Ursprünglich floss an dieser Stelle der Fluss „Tsauchab“. Legenden zur Folge floss der bis hin zum 50km entfernten Atlantik. Der Fluss versandete und hinterließ eine rotbeige Salzpfanne, genannt „Vlei“. Das Volk der Nama gab dem Vlei den zusätzlichen Namen „Sossus“, was so viel wie „blinder Fluss“ bedeutet und damit begründet wird, dass der Fluss im Nichts endet.

Während wir dem Fahrer lauschten, erklomm die Sonne Stück für Stück den Horizont und gab den Blick auf eine atemberaubende, rote Wüstenlandschaft frei. Wir hielten an, stiegen aus und wanderten durch scheinbar unberührte Dünen. Fußspuren wurden binnen weniger Minuten vom Wind zugeweht und suggerierten uns, dass man uns inmitten eines roten Planten ausgesetzt hatte. Geißböcke kamen von irgendwo aus dem Unterholz und beobachten uns aus sicherer Entfernung.

Zwei Stunden hatten wir Zeit die Umgebung zu Fuß zu erkunden, bevor wir wieder in den Jeep des Rangers springen mussten. Mich zog diese Weite in ihren Bann, ich war gefesselt von sich verschiebenen Sandbergen und machte mich daran, die umliegenden Hügel zu erklimmen.

Timo hingegen haute es nicht wirklich vom Hocker. Er quittierte den Anblick der Dünen mit den Worten „es sei halt viel Sand“. So trennten sich unsere Wege, jedoch immer mit Sichtkontakt verbleibend. Timo saß am Fuße des Todestals, dem DeathValley. Ich hingegen wanderte bergauf, soweit mich meine Füße trugen. Es war nicht einfach mit Motorradstiefeln durch immer wieder wegsackenden Sand zu waten.

Und noch bevor wir wieder zurück beim Jeep waren, wurde uns klar, dass dies kein geheimer Ausflugsort für gestrandete Biker war. Ganz im Gegenteil. Es ist eine der größten Touristenattraktionen Namibias und wir begegneten auf unserem Rückweg riesigen Horden von angekarrten Touristen. Ein Glück, dass wir bei Beginn unser Wanderung am frühen Morgen die Einzigen hier waren.

Nach dem sandigen Vormittag schwangen wir uns direkt auf die Bikes, um die letzte Etappe in Richtung Windhoek in Angriff nehmen. Hinter Nauchas gelangten wir auf eine traumhaft kurvige Schotterpiste, auf der wir uns austoben konnten. Wir slideten mit blockierenden Reifen durch Kurven und wirbelten Staub in die Nachmittagsluft als würden wir Rauchzeichen nach Europa senden wollen. Wir fuhren Wheelies auf dem Hinterrad. Wir filmten, wir fotografierten, wir fühlten uns sauwohl.

Helm ab, verschwitztes Gesicht und verschmitztes Grinsen, Zigarette an, Blick zum anderen, Einatmen, Ausatmen, Realisieren. Wir waren am Ende dieses Trips. Wir waren am Ziel. Wir waren die Geilsten. Entspannung setzte ein, Hände klatschten ab. Was hatten wir alles für eine Scheiße hier erlebt. Stürze, Malaria, kaputte Bikes, Abschleppen. Dankbar, dass uns nicht mehr passiert war, witzelten wir: „Herr Hettwer, es war mir eine Ehre mit Ihnen die letzten zwei Monate durch Afrika zu fahren". „Herr Herzog, auch mich ehrt die Erinnerung an das Vergangene". Wir lachten. So losgelöst wie lange nicht mehr. Ja, waren sind glücklich.

Dreißig Kilometer vor uns lag Rehoboth, dort würde wieder Asphalt beginnen. Neunzig Kilometer weiter wäre Windhoek. Übermorgen wären wir zu Hause.

Also sprangen wir wieder rein in den Sattel und fuhren ganz gemächlich weiter. Kein Risiko wurde eingegangen, wir wollten nur noch sicher ankommen.

Wie heißt es so bescheuert? Man soll den Tag nicht vor dem Abend loben. Ja, vielleicht hätten wir uns nicht wie kleine Kinder freuen und diesen Trip per Handschlag als gelungen feiern sollen. Aber wer konnte schon ahnen, was passieren würde.

Keine 10km kamen wir weit, da ruckelte Timos Bike und ging während der Fahrt aus. Spritmangel? Das hatten wir ja schließlich oft genug auf dieser Reise. Doch Timo schaute bedrückt, sprach von einem komischen knatternden Geräusch. Wir starteten die Maschine wieder und lauschten dem Klopfen der Zylinder.

Ich habe kein musikalisches Feingespür im Ohr und konnte wirklich nicht sagen, wonach sich Timos Bike anhörte. Irgendwie summte sie halt ein wenig anders. Auch im Stand ging sie immer mal wieder aus. Was also tun? Werner anrufen und um Rat aus der Ferne bitten, nachdem wir schon den Werkzeuggürtel verloren hatten? Die nächste Tankstelle lag immerhin nur noch 20km vor uns und dort würde es sicherlich wieder eine Werkstatt und fachkundige Mechaniker geben.

Es war Timos Bike, ich überlies ihm die Entscheidung und so fuhren wir langsam weiter. Nach 5km mussten wir jedoch erneut anhalten. Timos Bike hatte komplett blockiert und ist dabei ausgegangen. Kolbenfresser? Wir schauten nach dem Öl. Nur in der Schräglage des Motorrads war noch welches zu sehen. Auf jeden Fall war an Weiterfahrt nicht zu denken.

Ein Gefühl wie tausend Schläge in die Magenkuhle setzte bei mir ein. Bei Timo war es wahrscheinlich noch viel schlimmer. Er fluchte, fluchte, fluchte, fluchte, fluchte, fluchte. Und fluchte.

Mir fielen die zwei Spanngurte ein, die noch in meinem Rucksack waren. Das war alles was wir zum Abschleppen hatten. Für mich stand fest, dass wir dort nicht stehen bleiben konnten. Wir mussten weiter nach Rehoboth, bevor es dunkel wurde. Also legte ich die zwei Spanngurte wie eine Acht ineinander und befestigte sie überkreuz an den Fußrasten.

Tz, jetzt war es wirklich so weit, dass ich mich bei Timo für das Abschleppen meines Bikes, mit dem Abschleppen seines Bikes revanchieren konnte. Dies war eine ausgleichende Gerechtigkeit, auf die ich nur allzu gerne verzichtet hätte.

Zum Glück waren die Bikes leicht und der Schwerpunkt lag dank der Befestigung an der Fußraste angenehm niedrig. Die Bikes schaukelten sich während der Fahrt also Gott sei Dank nicht auf. Dennoch: Bei jedem sandigen Abschnitt auf dieser Piste trieb es mir den Schweiß ins Gesicht. Stress pur. Mit sich verdunkelndem Himmel erreichten wir die Tankstelle von Rehoboth.

Lagebesprechung. Essen kaufen, Kräfte sammeln, Werner anrufen. Werner anrufen? Timo rutschte das Herz in die Hose, aber es musste sein. Er berichtete vom Liegenbleiben und unserem Vorhaben, uns mit der gebastelten Konstruktion bis nach Windhoek abschleppen zu wollen. Werner reagierte ruhig und sagte, dass wir morgens um 9h mit dem Bike bei ihm aufschlagen sollen. Gesagt, getan.

Das gestrige Abschleppen verlief unspektakulär. Wer kann schon behaupten, dass er zwei Mal abschleppend, im Dunkeln, ohne Licht am abgeschlepptem Motorrad in eine afrikanische Hauptstadt eingekehrt ist. Windhoek: We are back!

Auch heute früh war Werner recht entspannt. Wir fühlten uns scheiße. Klar, wir sind mit den Bikes nicht gestürzt, haben keinen Fehler gemacht und trotzdem: Wir brachten eines kaputt zurück. Der Verleih war ein Deal per Handschlag ohne Vertrag. Und dann hingen wir dort. Die Tatsache, dass Timos Bike kein Öl mehr hatte, stieß Werner ziemlich auf. Wann wir das denn zuletzt kontrolliert hätten? Naja, mit ihm vor fünf Tagen. Bei dieser Antwort reagierte Werner das erste und einzige Mal sichtlich angepisst. Seiner Meinung nach hätten wir täglich den Ölstand kontrollieren sollen, schließlich wären dies keine Reise-Shopper, sondern Enduro-Bikes.

Hinterher ist man halt immer schlauer. Bei dem Verleih fiel dazu kein Wort, beide Bikes hatten maximalen Ölstand und meins hatte auch bei der Rückgabe noch genügend Öl. Wir brachten also das kaputte Bike zu einem von Werner befreundeten Mechaniker und tauschten Adressen und Telefonnummern. Zunächst hieß es abwarten und schauen, was die erste Untersuchung des Bikes ergeben würde.

Niedergeschlagen trollten wir uns von dannen und packten unsere Sachen abflugbereit im Cardbox Backpackers. In unseren Köpfen herrschte Leere. Das am Vortag erlebte Gefühl allumfassender Ausgeglichenheit war wie weggeblasen. Wir waren einfach nur down. Ursprünglich wollten wir heute Abend noch groß Essen gehen und ordentlich Einen Trinken. Aber uns war echt nicht nach Feiern zu Mute. Zudem ging es Timo auch körperlich schlecht, er hatte leichtes Fieber.

Also entschlossen wir uns ein Taxi zum nächsten Supermarkt zu nehmen und ein paar Kleinigkeiten für den Abend im Hostel zu kaufen. Auf dem Rückweg bettelten uns dann zwei 13-jährige penetrant an, während wir ins Taxi stiegen. Von links wurde ein ständiger Körperkontakt gesucht und ein nerviges „Gimme Dollar, gimme Dollar" in mein Ohr gerufen. Mein bestimmtes „Don´t touch me" hinderte den Kleinen nicht daran, ständig an meine Schulter zu tippen und den ewig gleichen Satz zu wiederholen. Timo war bereits um das Taxi herum und stieg in den Wagen.

Dann spürte ich einen Druck an meiner rechten Hosentasche. Ich blickte zur Seite und sah mein Portemonnaie. Es befand sich in der Hand des zweiten Jungen. Ich sah, wie es sich wie in Zeitlupe von meinem Körper wegbewegte und reagierte instinktiv. Ich schlug zu und erwischte den Typ vor der Brust. Er torkelte. Ich machte drei schnelle Schritte auf ihn zu, packte ihn am Kragen und schleuderte ihn auf die Straße. Noch im Fallen schoss sein rechter Arm hoch und er warf die Geldbörse über mich hinweg in Richtung seines Kumpels. Meine Hände ließen sein Shirt los. Noch während er fiel, drehte ich auf dem Absatz um und fokussierte den Typen, der mich vorher so penetrant genervt hatte.

Das Portemonnaie lag ca. zwei Meter weg von ihm auf der Straße. Ungefähr fünf Meter trennten uns und ich war bereits im Laufschritt. Unbändige Wut stieg in mir auf. Diese kleinen Pisser beklauten mich. Adrenalin durchfloss mich, alle Muskeln waren angespannt. Der Kleine bückte sich nach seiner Beute und ich wusste, dass ich ihn erwischen werde. Wie ein Rugby-Spieler verschränkte ich die Arme vor der Brust und bereit, ihn über den Haufen zu rennen. Unsere Blicke trafen sich. Ich war noch einen Meter von ihm entfernt. Meine Entschlossenheit schien ihm Unbehagen einzuflößen und er erkannte die Situation blitzschnell. Anstatt sich zu bücken, änderte er die Strategie. Sein Fuß trat das Portemonnaie nach links weg, sein Körper duckte sich nach rechts. Wir streiften einander, verloren beide den Halt und schlidderten auf die Straße. Der Typ war mir erstmal egal, ich wollte die verdammte Geldbörse wiederhaben. Diese war nach dem Kick des Jungen unter ein stehendes Auto geschliddert, sodass sein Komplize sie nicht aufheben konnte.

Das alles geschah in wenigen Sekunden und Timo war zunächst verwirrt, warum ich handgreiflich gegenüber den beiden Bettlern wurde. Doch dann sah er das kleine schwarze Stück über den Boden rutschen und konnte es unter dem Auto hervorholen. Welch eine Action-Szene.

Auf der Straße lag verschmierter Joghurt, unsere Einkaufstüten standen irgendwo am Rand und meine Sonnenbrille lag zehn Meter weiter. Die umstehenden Locals hatten die Situation ebenfalls erfasst. Zunächst hatte ich Angst, dass sie nun auf mich zugehen würden. Doch sie ohrfeigten die beiden Jungs und stauchen sie in englischer Sprache zusammen. Man erkundigte sich bei uns, ob uns noch etwas fehlen würde und bot uns an, die beiden Täter ebenfalls zu schlagen. Nein, Danke! Wir waren froh, dass wir wieder alles hatten. Und die beiden hatten hoffentlich gelernt, dass sie nicht bei jedem Touri mit ihrer Masche erfolgreich sind.

Diese ganze Aufregung ließ Timos Temperatur noch weiter steigen. Während ich diese Zeilen runterschreibe, liegt er bereits im Bett. Die letzte Temperaturmessung ergab 39,8°C. Man gut, dass wir morgen früh um 5 Uhr abgeholt werden, um zum Flughafen zu fahren.

1-3: Neue Bikes in Gelb – Going Mad im Sand
4: Und am Ende grüßt das Abschleppseil
5-9: Wüstenträume Sossusvlei & Spitzkoppe
10,11: Sandboarding – yiha!
12: 63 Tage Bart – last smile before take-off

Zurück in die Zukunft

Freitag, 01.10.2010, Tag 63, Flug LH573, Deutschland

Der Landeanflug auf Frankfurt beginnt gerade. Es sind noch ungefähr 20 Minuten, bevor ich nach neun Wochen wieder deutschen Boden unter den Füßen haben werde.

Die letzten eineinhalb Tage waren angenehmerweise unspektakulär. Von Windhoek sind wir mit der Air Namibia in einer Boeing 737-500 nach Johannesburg geflogen, haben den halben Tag auf dem dortigen Flughafen mit Videogucken verbracht und sind dann in die Economy-Class in Richtung Frankfurt gestiegen.

Schlafmaske, Ohrenstöpsel, drei Wein und zwei Schnäpse haben mich gut schlafen lassen. Eben gerade habe ich fünf Minuten schmunzelnd durch mein handgeschriebenes Buch geblättert und einzelne Sätze gelesen.

Hhm, ich bin gespannt, wann ich all das verarbeitet haben werde. Jetzt bin ich einfach müde, irgendwie stolz und ausgefüllt mit tiefer Vorfreude auf meine Freundin. Es ist gut, dass der Trip jetzt zu Ende ist.

Nein, ich bereue nichts – ganz im Gegenteil, ich glaube, dass dies der Trip meines Lebens war. Und doch bin ich auch müde der Probleme und Sorgen. Ich will einfach nur ankommen.

Ankommen ohne loszulassen

Montag, 01.11.2010, 1 Monat nach Afrika, Wiesbaden

Unsere Ankunft am Frankfurter Flughafen liegt inzwischen vier Wochen zurück. Anstatt wie erwartet morgens um 5.30 Uhr in Frankfurt in die S-Bahn zu steigen, wurden Timo und ich von unseren Freundinnen überrascht. Um den Hals fallen, abknutschen, lachen. Oh Mann tat das gut. Wir gönnten uns ein ausgiebiges Frühstück und verabschiedeten Timo und Neele in Richtung Hannover.

Abends kam der Schock. Timo bekam auf der Fahrt nach Hannover immer stärkeres Fieber und ließ sich abends mit über 40°C Fieber auf Malaria testen. Negativ. Man würde ihn jedoch an drei aufeinander folgenden Tagen prüfen, da die Testergebnisse von der Intensität der jeweiligen Schübe abhängen.

Eine schreckliche Woche begann. Zunächst wurde Timo wieder entlassen, dann verschlechterte sich der Zustand nach zwei Tagen erneut und man behielt ihn gleich in der Medizinischen Hochschule. Weitere Tests folgten, immer wieder ohne Ergebnis. Das Fieber kam einigermaßen regelmäßig alle zwei Tage, zeigte sich jedoch immer resistenter gegen Cocktails aus Novalgin und Co. Gespräche mit dem Tropeninstitut in Hamburg folgten, Ratlosigkeit setze sein. Auf puren Verdacht eine Anti-Malaria-Therapie zu beginnen war den Ärzten zu riskant.

Ich unterbreite Timo von Anfang an ein unschlagbares Alternativangebot: Sofern ein Malariatest positiv wäre, würde ich im Büro alles stehen und liegen lassen, mir das restliche Lariam in die Tasche stecken und mit Zeltplane unterm Arm nach Hannover düsen. Dann würde ich Timo aus den Fängen eines „Erste-Welt-Krankenhauses“ befreien. Er könnte sich irgendwo auf ein Feld legen und ich würde ihn durch die Horrorzeiten einer Lariam-Therapie begleiten. Genau so, wie er es für mich in Afrika getan hat. Unverständlicherweise bekam ich für meinen Vorschlag nicht mehr als ein müdes Lächeln.

Nach drei Tagen Ungewissheit im Krankenhaus war uns jedoch überhaupt nicht mehr zum Lachen. Timos Fieberschübe wurden häufiger, intensiver und Mitte der Woche brachen auch noch seine Blutwerte zusammen. Dies waren Momente, in denen Horrorszenarien mit Namen Ebola, etc., als Gespenster durch den Kopf spukten.

Gott sei Dank gab es zwei Tage später Gewissheit. Timo hatte Malaria, die Ärzte leiteten eine Therapie mit Malerone ein und nach drei Tagen wohlverträglicher Behandlung war er wieder auf den Beinen.

Welch ein Start zurück ins alte Leben für Timo: Nervige und erdrückende E-Mails bezüglich der kaputten gelben Suzuki, körperlich schwach und von medizinischer Ungewissheit ans Bett gefesselt, die Doktorarbeit offiziell beginnend und die gemeinsame Wohnung mit seiner Freundin noch immer im Umzugschaos. Er tat und tut mir echt ziemlich leid.

Das Abenteuer ist inzwischen vier Wochen her. Noch immer treffe ich Kollegen beim Mittagessen und berichte dieselbe Geschichte zum x-ten Mal. Noch immer freue ich mich bei jeder einzelnen Erzählung über das Erlebte zu sprechen. Die erste Woche im Büro war absurd. E-Mails checken statt Karten lesen. Vorstandsbriefings schreiben statt Routen planen. Abends saß ich oft zu Hause vorm

Rechner und tippte das auf der Reise handschriftlich Geschriebene ab, freute mich auf den Tag, an dem diese Seiten ein Buch ergeben, und beschäftigte mich mit der Frage, wie man ein solches dann wohl vertreibt.

In der Medizinerzeitung „Curare“ wurde inzwischen ein von Timo verfasster Artikel über unseren Trip gedruckt. Es ist schon lustig, sich dort auf Bildern zu entdecken. Sind wir wirklich die zwei kaputten Chaoten, die sich in dieses Abenteuer stürzten?

Als ich von früheren Reisen oder Urlauben heimgekehrt war, dauerte die Resozialisation niemals lange. Kaum waren die dreckigen Sachen in der Waschmaschine verschwunden, Fotos zu einer Diashow verarbeitet, da hatte mich der Alltag wieder. Doch diesmal war es anders. Ja, Reisen prägt und verändert. Diese Erkenntnis ist ja auch nicht gerade bahnbrechend, schließlich ist der eigene Charakter immer ein Abbild des Erlebten. Aber irgendetwas dieser Reise steckt noch in mir. Ich bin ausgeglichener, bin mir der Dinge, die mich umgeben, sicherer.

Es gibt sicherlich Menschen, die nach so einer Reise alles in Frage stellen. Die kommerzielle Umgebung, das ständige Streben nach Reichtum und Anerkennung, das spießbürgerliche Leben in guten Wohnsiedlungen, den Partner, den Beruf, die Hobbies. Bei mir setzt genau das Gegenteil ein. Als hätte ich ein Stück meiner Selbst gefunden und es zufrieden abgesegnet. Ich fahre gerne zur Arbeit, bin mit Eifer an neuen Projekten dran und stürze mich mit Vorfreude in mein Hobby der nächtlichen Börsenanalysen. Ich kann loslassen, bevor es mich festhält und habe irgendwie einen klareren Blick auf die Dinge. Ich stresse mich jedoch nicht mehr so wie früher.

„Früher“, welch abgedroschener Begriff, welch fantasieloser Versuch eine Zeit vor der jetzigen zu betiteln. Doch es ist so. Gerade läuft alles gut, ich bin grundzufrieden. Welch schönes Wort.

Dieses Gefühl von gefestigt sein, seines eigenen Lebens bestätigt sein, spüre ich auch in der Partnerschaft. Die Liebe zu meiner Freundin Anke ist grenzenlos – schön wieder hier zu sein. Letztes Wochenende waren wir in Marokko, in Marakesch. Der Moment hätte nicht besser sein können. Ein einsam erklommener Hügel im Atlasgebirge, ein Blick auf die Welt und eine Antwort, die die Welt verändert. Ja, sie will mich heiraten.

Hier sein und doch nicht hier sein

Mittwoch, 01.12.2010, 2 Monate nach Afrika, Wiesbaden

„Hey,wie war es eigentlich in Afrika?“, diesen Satz höre ich immer seltener. Alle haben sich daran gewöhnt, dass ich wieder hier bin. Ich auch? Den ersten Monat konnte ich noch gar nicht realisieren, was ich, was wir alles erlebt haben.

Inzwischen kehrt Ruhe ein. Doch aus dieser Ruhe werden wir in regelmäßigen Abständen rausgerissen. Zum Beispiel weil der E-Mail-Verkehr mit Werner bezüglich der gelben kaputten Suzuki nicht enden wollte. Gestern war es dann endlich so weit, dass wir uns einigten. Geld wechselte virtuell die Konten. Wir haben nicht das Gefühl, dass es gerecht ist und Werner hat dieses Gefühl ebenso wenig. Dieses Erlebnis drückt auf die Seele.

Hätten wir uns die Bikes gar nicht erst leihen sollen, ohne irgendwelche Formulare zu unterschreiben? Wer trägt welche Schuld an dem Kolbenfresser? Werner ist der Meinung, dass wir zu 100% für den Schaden verantwortlich sind, da wir zu selten das Öl gecheckt hätten. Wir sind der Meinung, dass unsere Schuld wesentlich geringer ist. Schließlich hatte mein Bike noch einen ausreichenden Ölstand, obwohl Timo und ich beide Bikes vor Abreise aufgefüllt haben und auch dieselbe Strecke fuhren. Es wäre einfach zu handhaben, wenn wir das Bike einfach bei einem Sturz oder Ähnlichem zu Schrott gefahren hätten – dann hätten wir auch 100% des Schadens ersetzt. Aber so ist es einfach für beide Seiten eine blöde Situation.

Unsere eigenen Bikes hingegen sind angeblich irgendwo zwischen Afrika und Europa unterwegs, Ankunft noch ungewiss. Weder Timo noch ich trauen uns, bei der Spedition nachzufragen. Dort könnte ja schließlich die nächste Hiobsbotschaft warten.

Wir schreiben uns gerade mit einem anderen Afrika-Reisenden, der ebenfalls sein Bike verschiffen wollte und ein Jahr vergeblich auf das Motorrad gewartet hat. Vor einigen Wochen ist er nach Kapstadt geflogen und hat das Bike die Westküste durch den Kongo, etc. bis nach Deutschland gefahren.

Es ist ja bald Weihnachten und ich wünsche mir, dass uns dies nicht passiert.

Komplett

Montag, 03.01.2011, 3 Monate nach Afrika, Wiesbaden

Für das Durchschauen, Beschriften, Ordnen und Zusammenschneiden der schier endlosen Videoaufnahmen fehlt mir noch immer die Muße. Mein Credo ist momentan „Buch statt Bilder" und nachdem mir mein Arbeitgeber jetzt ganz offiziell eine Nebentätigkeit als „Autor für Reiseliteratur" genehmigt hat, steht einer Veröffentlichung all dieser Zeilen immer weniger im Weg.

Mein Wunsch aus dem Dezember wurde erhört. Timo und ich haben unsere Afrika-Pferde aus Bonn abgeholt. Timos TÜV ist abgelaufen, er durfte nicht fahren. Mein Bike hat sich nicht von alleine geheilt, konnte also nicht fahren. Außerdem lag ohne Ende Schnee auf den Straßen. Die beiden Gäule sind jetzt im Stall – ich bin gespannt, wann wir sie das nächste Mal reiten werden.

Schon wieder ist Silvester vorbei, welch ein Jahr. Es ist Zeit für Retrospektiven und neue Vorsätze. Wenn ich in meinen eigenen Notizen blättere, bekomme ich eine Gänsehaut. Ich weiß innerlich, dass diese Reise mich so unendlich bereichert hat. Die gern gestellte Frage, was mir denn am besten Gefallen hat, kann ich nicht beantworten.

Naturseitig haben mich die Viktoria-Fälle stark beeindruckt. Bezogen auf den Fahrspaß, stehen die zahllosen Kurven in Ruanda und Burundi sowie die letzte Dirtroad-Woche auf den geliehenen Suzuki hoch im Kurs.

Doch all dies kratzt nur an der Oberfläche. Es gibt so viele kleine Momente, für die ich dankbar bin. Zum Beispiel bin ich dankbar dafür, dass wir mit Miriam, Jack,

Tom, Werner und all den Anderen so hilfsbereite und spannende Menschen kennengelernt haben.

Wenn ich in mich hineinhöre, bin ich außerdem stolz. Stolz darauf, dass Timo und ich diese Reise überhaupt gemacht haben. Stolz darauf, dass wir uns einen Traum verwirklicht haben, anstatt ihn nur zu träumen.

Im wahrsten Sinne heilfroh bin ich, dass uns trotz aller Steine auf unseren Wegen, nie etwas richtig Schlimmes passiert ist. Natürlich war es nicht schön mit den Nebenwirkungen von Lariam vor dem Zelt zu liegen, aber es hätte auch noch schlimmer kommen können. Ich bin froh, dass die Malaria bei Timo erst am letzten Tag ausgebrochen ist und er nicht mit derartigen Symptomen in Afrika im Krankenhaus lag. Ich bin froh, dass uns trotz aller Umfaller, Stürze und unseres Leichtsinns nichts Schlimmes passiert ist. Ein gebrochener Arm oder Ähnliches mitten im Nirgendwo wäre die Hölle gewesen.

Wir haben die Grenzen unserer Belastbarkeit getestet, wir haben diese Grenzen erreicht und wir haben sie letztendlich auch verschoben.

Begeistert bin ich weiterhin von der Freundlichkeit und Herzlichkeit, die uns an fast allen Orten in großen Wogen entgegengeschlagen sind. Auch, oder vielleicht sogar gerade, die Menschen, die wir trafen, haben den Trip zu dem gemacht, was er war. Ich lehne mich zurück und scheue mich davor, die Worte „The End“ zu schreiben.

In meinem E-Mail-Postfach poppt eine Nachricht von Timo hoch: „Hey, warst du schon mal in Afrika? ;-) “. Ich lache lauthals los. Manchmal kann ich selbst auch nicht glauben, dass ich, bzw. wir dies alles wirklich erlebt haben…

Jetzt schreibe ich die zwei Worte doch: ;-)

THE END

P.S.:
Dich interessiert, ob ich Tipps bezüglich Gepäck, Umbaumaßnahmen oder Ähnlichem auf Lager habe? Du möchtest wissen, was es mit dem „Spenden-Stempel" auf dem Cover auf sich hat? Dann ist die Rubrik „Fragen und Antworten" auf der nächsten Seite sicherlich interessant für Dich.

P.P.S.:
Wenn Dir eine Frage unter den Nägeln brennt und sie hier nicht beantwortet wird oder wenn du mehr Fotos von dieser Reise sehen möchtest oder wenn du gerne eine Kritik zu diesem Reisebericht verfassen möchtest, dann besuche mich doch auf:

www.auszeit-afrika.de

Fragen und Antworten

Zu Beginn der Reise haben Timo und ich uns an diverse andere Abenteurer gewandt und haben sie mit Fragen zu allerlei Themen bombardiert. Inzwischen hat sich das Blatt ein wenig gewendet und wir werden von anderen Reisenden bezüglich unserer Erfahrungen befragt. Für ausführliche Trip-Checklisten gibt es sicherlich bessere und erfahrene Ansprechpartner in den einschlägigen Internetforen. Deshalb folgt an dieser Stelle lediglich ein kurzer Abriss unserer Einschätzungen zu typischen Fragen einer solchen Reise.

Stichwort Umrüstungen

Welche Umrüstungen und Umbauten an den Bikes haben sich bewährt und welche waren überflüssig?
Die Frage ist schwierig zu beantworten, da uns der Vergleich fehlt. Wir können ja nicht beurteilen, wie es ohne unsere Umbaumaßnahmen gewesen wäre. Daher sind die folgenden Worte eine rein persönliche Einschätzung: Schutzumbauten wie Motorschutz, Sturzbügel und Handprotektoren sind auf jeden Fall ein Muss, da sie das Bike beim Stürzen vor schweren Schäden bewahren. Das Koffersystem hingegen, halte ich für absolut überbewertet. Nicht, dass ich falsch verstanden werde. Natürlich macht ein Koffersystem grundsätzlich Sinn, aber ich sehe nicht den Vorteil in einer teuren Variante, wie ich sie hatte, gegenüber den „Billig-Anbietern". Am Ende eines solchen Trips sind beide völlig verzogen und verbogen. Unsicher bin ich mir auch, ob die 500€ für ein neues Federbein wirklich notwendig waren. Aber wie eingangs beschrieben, wissen wir nicht, wie es ohne gewesen wäre. Bezüglich der Reifen glaube ich, dass Beginner wie wir gar nicht den

Unterschied der einzelnen Stollenreifen merken. Man kann sicherlich jeden Reifen dieser Kategorie auf einem solchen Trip fahren. Für die 2x 5l Reservekanister hat Mc Gyver uns eine Spezialhalterung gebaut und ich bin froh, dass wir die Kanister dabeihatten. Das liegt aber vor allem an dem hohen Spritverbrauch unserer alten Bikes. Wir kamen gerade mal auf 320km Reichweite inklusive der Reservekanister, während z.B. Jamie auf seiner BMW GS es 400km weit schaffte. Ohne Reservekanister, wohlbemerkt.

Eine Sache haben wir aber absolut richtig gemacht und wurden diesbezüglich auch von anderen Bikern beneidet: Anstelle einer teuren Sitzbank-Umpolsterung haben wir für 30€ ein Lammfell im Internet bestellt, ein paar Ösen reingestochen und es auf die Sitzbank gebunden. Das Ergebnis war eine antibakterielle, flauschig weiche Unterlage, die nach Fahrtende innerhalb einer Sekunde wieder demontiert werden konnte. Bei all dem technischen E-quipment ist eine Bordsteckdose natürlich ebenfalls ein Muss. Es gibt für wirklich jedes Gerät einen Adapter auf einen 12V-Zigarettenanzünderanschluss und so konnten wir Handys, Kameras, Funkgeräte, etc. alles während der Fahrt aufladen. Da jedoch zum Beispiel eine Stirn- oder Leselampe meist über Batterien betrieben wird, empfiehlt es sich, ständig einen kleinen Vorrat an Ersatzbatterien dabeizuhaben.

Stichwort Gepäck

Was waren die nützlichsten Gepäckstücke der gesamten Reise?
Je länger ich über diese Frage nachdenke, desto mehr Dinge fallen mir ein. Vielleicht liegt es an unseren männlichen Genen, aber besonders nützlich empfand ich all unsere technische Ausrüstung. Dass wir aufgrund der eingebauten Funkgeräte während der Fahrt sprechen konnten, war einfach nur genial. Diese direkte Kommunikation erleichtert einerseits die gemeinsame Koordination im Gelände, an Grenzkontrollen oder Ähnlichem, auf der anderen Seite ist es einfach klasse, wenn man seine Eindrücke unmittelbar miteinander teilen kann.

Um Eindrücke nicht nur zu teilen, sondern festzuhalten, ist man als Motorradfahrer meistens mit diversen nervigen Barrieren konfrontiert. Während der Fahrt kann man nicht fotografieren. Also hält man an, zieht die Handschuhe aus, kramt die Kamera hervor und schießt das ersehnte Foto. Dieser Prozess ist zeitraubend und nervig, so dass man viel weniger fotografiert als man eigentlich möchte. Wir haben uns genau aus diesem Grund dafür entschieden, eine Helmkamera mitzunehmen. Es handelt sich um einen kleinen, wasserdichten „Zauberkasten", der Videos in HD-Qualität aufnimmt und lediglich zwei Knöpfe hat: An/Aus und Aufnahme. Entstanden sind atemberaubende bewegte Bilder und Dank der Funkgeräte konnten wir uns immer absprechen, wer filmt und wer „wie" fahren soll.

Das dritte nützliche Gepäckstück ist ebenfalls ein technisches. Wir hatten sogenannte „Mini-Speaker" dabei. Es handelt sich um kleine Lautsprecher, die wir über unsere MP3-Player direkt an die Bordsteckdose anschließen können. Es gibt nichts Entspannteres, als nach einem langen Tag auf dem Bike sich mit einem kalten Bier in der Hand an die Maschine anzulehnen. Vor einem versinkt die Sonne am Horizont und hinter einem säuseln chillige Tracks aus den Lautsprechern. Herrlich! Abgesehen von den technischen Spielereien gibt es noch ein paar andere Gegenstände, die ich bezüglich ihres Nutzens hervorheben möchte. Wirklich bewährt hat sich das Camelbak. Der Durst während einer solchen Reise ist gigantisch und es wäre absolut nervig, ständig den großen Wasserkanister hervorzukramen. Die „Camelbaks" haben wir entweder auf dem Rücken getragen oder im Tankrucksack verstaut. Zum Thema Trinken fällt mir noch ein, dass ich immer einen ausreichend großen Vorrat an Mikropur dabei haben würde, da es sehr bequem ist mit diesen Chlortabletten binnen 20 Minuten aus Leitungswasser Trinkwasser herzustellen. Außerdem würde ich immer wieder mit einer Protektoren-Weste fahren, die Rücken, Brust, Schulter und Ellenbogen abdeckt. Der große Vorteil liegt darin, dass man sich eine typische dicke Motorradjacke spart. Wir sind im Gelände ausschließlich mit dem „Panzer" gefahren und haben ihn bei Überlandfahrten einfach unter eine dünne Motorradjacke gezogen.

Auf welches Gepäck kann man getrost verzichten?
Man kann mindestens auf die Hälfte des Eingepackten verzichten! Egal was man einpackt, die Hälfte hätte es immer getan. Wir durften diese Erfahrung eindrucksvoll machen, als wir die letzte Woche mit 1/8 unserer üblichen Gepäckmenge durch Namibia gereist sind. Die dort geliehenen Bikes hatten schlichtweg keinen Platz, um Gepäck zu verstauen. Uns blieb jeweils ein Tagesrucksack, um Werkzeug, Garderobe, Schlafsack, etc. zu verstauen. Und wir haben nichts vermisst. Wenn man nur asphaltierte Straße fährt, ist Gepäck egal. Im Gelände zählt jedoch

jedes einzelne Gramm. Speziell als Anfänger neigt man dazu, viel zu viel mitzunehmen. Timo und ich hatten Kaffee und Tütenessen in derart großer Anzahl dabei, als würde es in Afrika keine Nahrung geben. Wir hatten für jedes Bauteil am Motorrad einen Spezialschlüssel dabei und schleppten Handsäge, Hammer, etc. mit. Als würde es in Afrika kein Werkzeug geben. Folgende zwei Erkenntnisse haben wir im Nachhinein für uns aufgestellt:

1. Wenn man durch halbwegs bewohntes Gebiet fährt, gibt es immer irgendwo irgendetwas zu essen. Immer! Außer Energieriegeln für zwischendurch und einer(!) Notration Reis oder Nudeln für den Fall einer Panne, hat Essen nichts im Gepäck einer solchen Motorradreise zu suchen.

2. Es mag vielleicht psychologisch wichtig sein, wenn man weiß, dass man genügend Werkzeug dabei hat. Ich glaube aber nicht, dass es notwendig ist. Wenn ein Problem auftritt, dann kann man es immer mit Hilfe der Locals lösen. Vielleicht klappt es nicht immer auf so hilfsbereite Art und Weise, wie wir es in Kenia mit meiner Fahrgestellnummer oder in Botswana mit meiner Kupplung erlebt haben. Notfalls muss man auch ins Portemonnaie greifen. Unvergessen ist die Aussage von Mark aus Malawi, der sieben Jahre als Tourguide durch Afrika gefahren ist und zu uns sprach: „Wenn du nicht weiterkommst, dann begebe dich zum nächsten Markt. Stell dich in die Mitte, halte einen 100-USD Schein in die Höhe und rufe – I need help –. Irgendjemand wird den Kontakt finden, den du brauchst." Dank des Mobilfunks sind die Menschen außerdem so unglaublich gut vernetzt, dass es auch in den Dörfern kaum wirkliche Isolation gibt. Ich würde bei einer erneuten längeren(!) Tour vor der Abreise alle Verschleißteile austauschen und während des Trips gar keine

Ersatzteile mehr mitschleppen. Außerdem würde ich das Werkzeug auf eine normale Bordrolle reduzieren. Natürlich ist die Dauer der Reise dabei ein wesentlicher Faktor. Je kürzer der Trip ist, umso nerviger ist es, eine Zwangspause einlegen zu müssen und auf Ersatzteile warten zu müssen. An dieser Stelle muss jeder für sich persönlich abwägen und Prioritäten setzen.

Was hat auf der Reise gefehlt?
Mich hat es tierisch genervt, dass ich meine Seitenständer-Unterlage nach drei Tagen im Sand zurückgelassen habe. Entweder sollte man immer eine als Ersatz in der Jacke haben oder gleich etwas Breites an den Seitenständer schweißen lassen. Sonst ist man so wie ich ständig auf der Suche nach Steinen und Brettern, um das Bike im Dreck auf den Seitenständer stellen zu können.

Bei den gelegentlichen Fahrten im Dunkeln wäre eine stärkere Frontleuchte sehr von Vorteil gewesen. Schließlich gibt es nur ganz selten eine vernünftige Straßenbeleuchtung. Ansonsten habe ich echt nichts vermisst. Also zumindest keine bestimmten Gepäckstücke oder Ausrüstungsgegenstände.

Stichwort Kosten

Wie viel kostet eine solche Reise insgesamt?
Nun ja, wenn man wie wir bei „Null“ anfängt und sich vom Motorrad, über die Umbauten bis zur Garderobe alles anschaffen muss, kommt eine recht große Summe zusammen. Aufgrund unserer begrenzten Zeit mussten wir außerdem einen teuren Transport in Anspruch nehmen. Die eigentlichen Reisekosten vor Ort sind im Vergleich eher gering. Hier eine Aufstellung: Bei uns waren es je Person in etwa 1.400€ für das Bike, 2.000€ für die Umbauten, 2.000€ für Diveres (Camping-Ausrüstung, (Biker-) Garderobe, Helm, Impfungen, Funkgeräte, Dokumente, etc.), 1.000€ für Navi, Helmkamera und Speicherkarten, 1.800€ für die Transportkosten der Bikes, 1.000€ für unsere Flugtickets. Vor Ort haben wir in 63 Tagen jeweils 2.900€ für Essen, Unterkunft, Benzin, Kippen, Bier und Visa ausgegeben. In Summe hat uns die Reise also jeweils knapp 13.000€ gekostet.

Stichwort Reisen vor Ort

Wie findet man in Afrika „sichere“ Plätze zum Nächtigen?

Die Frage „... und wo schlaft ihr dann in Afrika?“ wurde uns bereits im Vorfeld der Reise dutzende Male gestellt. In Großstädten und in touristischen Ländern wie Botswana, Namibia oder Südafrika finden sich Hotelketten und Backpacker-Hostels. Auf dem Weg zwischen einzelnen Städten oder in Ländern wie Ruanda, Burundi und Tansania gibt es im Wesentlichen drei Möglichkeiten:

1. Alle 300km gab es während der ganzen Reise immer einen Campingplatz. Dank der GPS-Koordinaten von tracks4afrika war es auch recht einfach den Weg zur diesen Unterkünften zu finden. Falls man kein entsprechendes GPS-Material dabei hat, findet man Campingplätze z.B. vor jedem größeren Nationalpark oder überall dort, wo es Küsten gibt. Dazu zählen auch die riesigen innerafrikanischen Seen. Zu erwarten ist hier nicht die 5-Sterne Variante, in der sich holländische Wohnwagen aneinander reihen. Die Bezeichnung „Rest Camp“ trifft es eher. Es gibt eine rudimentäre Versorgung mit Duschmöglichkeiten. Rudimentär bedeutet in diesem Fall „ungeheizt und tröpfelnd“. Netterweise ist oftmals eine Bar bei den Campsites, die Versorgung mit Nahrung und Bier ist entsprechend gewährleistet. Die Kosten für Übernachtungen liegen meist bei 5 USD pro Person.

2. Die kleinen Guesthouses, von denen ich mehrfach geschrieben habe, sind eine Lösung in kleinen Dörfern oder abgelegenen Orten abseits des Touri-Mainstream. Sie sind nicht unbedingt ausgeschildert und die Qualität ist oftmals deutlich schlechter als auf einem Campingplatz. Meistens bekommt man ein $5m^2$ großes Zimmer mit ei-

nem alten Bett. Die Kosten liegen hier ebenfalls bei 5 USD pro Person. Um ein solches Guesthouse zu finden, ist es hilfreich, sich in dem Ort einfach durchzufragen. Irgendjemand hat immer ein Zimmer frei. Meistens steht ein anstrengender Verhandlungsmarathon an, bevor man „einziehen“ kann. Die Argumentationsmuster sind immer dieselben. Die Person, die das Zimmer vermietet, sieht in einem gestrandeten Reisenden eine Kuh, die es zu melken gilt. Als eben dieser Reisende ist man mit horrenden Preisvorstellungen konfrontiert. Wahrscheinlich klappt diese Masche oftmals, da Reisende am Ende des Tages oft müde und erschöpft sind und dementsprechend keine Muße zum Feilschen haben. Aber es geht auch anders. Man kann den Spieß einfach umdrehen, indem man wie folgt argumentiert: Man fragt direkt nach, ob es ein Zimmer für z.B. fünf Dollar gibt. Am besten hat man die Währung direkt abgezählt in der Hand. Dann erklärt man, dass man nicht gewillt sei, einen höheren Preis zu zahlen und notfalls draußen zeltet. Schon hat sich das Blatt gewendet und der Vermieter nimmt lieber die fünf Dollar an, anstatt das Zimmer über Nacht leer stehen zu lassen.

3. Zu guter Letzt gibt es natürlich immer noch die Möglichkeit „wild zu campen“, sprich sein Zelt einfach irgendwo im Nirgendwo aufzuschlagen. Berücksichtigen sollte man dabei zum einen die „Bedrohung“ durch wilde Tiere und zum anderen die Gefahr durch eventuelle Überfälle. Das sind beides Aspekte, die jeder aus seinem eigenen Bauchgefühl entscheiden muss. Timo und ich haben während der gesamten Reise nicht einmal wild gecampt. Auch wenn wir in Hinterhöfen, Strandbuchten oder auf Holzpritschen geschlafen haben, ist dies immer in irgendeiner Art und Weise mit der Zustimmung eines Locals geschehen.

Wo und wie wechselt man Geld und wie viel sollte man in bar dabei haben?

Am meisten hat uns verwundert, dass US-Dollar immer noch „die" Währung ist. Während wir gelegentlich Probleme hatten unsere Euros zu tauschen, wurden die Dollars gerne genommen. Sei es zum Auslösen der Visa, zum Umtauschen oder gelegentlich sogar zum Bezahlen an Tankstellen. Bis auf Ruanda und Burundi haben wir in jeder Stadt problemlos Geldautomaten zum Abheben gefunden. Wir haben einfach geschaut, welche nächstgrößere Stadt nach einem Grenzübertritt kommt, und haben uns dann dort mit der lokalen Währung eingedeckt. Meistens waren dies umgerechnet ca. 200€. Zusätzlich hatten wir zusammen einen „Notgroschen" von 500 USD in Cash dabei. Theoretisch kann man auch an jeder innerafrikanischen Grenze Geld wechseln. Es ist bei jedem Grenzübertritt dasselbe Schauspiel gewesen. Ein gutes Dutzend junger Männer kommt auf einen zugerannt, wedelt mit Geldbündeln und schreit Wechselkurse. Im Nachhinein haben wir oft festgestellt, dass die offerierten Kurse eine Abweichung von ca. 5-10% zum Bankenkurs darstellen. Jedoch weiß man nie, ob man Echt- oder Falschgeld in der Hand hält. Wir haben auch Geschichten von Reisenden gehört, die sich völlig falsche Summen haben andrehen lassen. Am beliebtesten ist scheinbar das Weglassen einer Dezimalstelle. Wenn der Wechselkurs eigentlich 1:42 ist, dann wurde den Personen 1:4,2 angedreht. Es ist bei einer solchen Reise wirklich schwierig den Überblick zu behalten. Manchmal bekommt man für einen Euro gleich einen vierstelligen Betrag in der lokalen Währung (Bsp. Burundi, 1:1600), manchmal sind es nur kleine Beträge (Bsp. Namibia, 1:8) und mal liegt es in der Mitte (Bsp. Kenia, 1:105). Außerdem tauscht man manchmal Euro, ein anderes Mal Dollar und gelegentlich auch afrikanische Währungen untereinander. Um wirklich einen guten Überblick zu haben, ist es sicherlich zu empfehlen, eine Umrechnungstabelle mit den wichtigsten Kombinationen vor Abreise zu erstellen.

Wo verstaut man Geld, Pässe und weitere wichtige Unterlagen?

Bei uns hat es sich bewährt die Pässe, Kreditkarten und Geldscheine in einem wasserdichten Plastikbeutel zu verstauen und diesen in dem Oberschenkelpolster-Fach auf der Innenseite der Motorradhose unterzubringen. Erstens hat man die Unterlagen dann immer am Mann und zweitens würde im Falle eines Überfalls oder Diebstahls dort hoffentlich niemand suchen.

Wie gut sind die Kommunikationsmöglichkeiten „nach Hause"?

Faszinierend ist die Ausbreitung des Mobilfunks in Afrika. Beim Thema Roaming ist Afrika den Europäern bereits um Längen voraus. Es gibt SIM-Karten-Anbieter, die länderübergreifend präsent sind (z.B. Zain) und somit keine Roaminggebühren verlangen. Ebenso ist es vorteilhaft, dass wirklich jeder Straßenhändler die notwendigen Prepaid-Guthaben verkauft, so dass man überall seine Credits aufladen kann. Leider mussten wir mehrfach die Erfahrung machen, dass man nicht aus jedem Land mit jedem Anbieter nach Deutschland zu jedem Mobilfunkanbieter kommunizieren kann. Im Wesentlichen hängt das davon ab, ob der afrikanische und der deutsche Anbieter ein Roaming-Abkommen haben. Dies kann man jedoch entweder im Internet nachschlagen oder bei den geringen Kosten einfach ausprobieren. Sobald das Handy funktioniert, ist alles ziemlich easy. Die Netzabdeckung ist ein absoluter Traum. Wir waren nur in den Wüstenregionen ohne Empfang. Gelegentlich kommt es jedoch zu Netzüberlastungen und dann werden gesendete Nachrichten nicht zugestellt. Ein Umstand, der leider des Öfteren zu Missstimmungen mit den Liebsten zu Hause geführt hat.

Im Vergleich zu der Verfügbarkeit und Schnelligkeit von Internetverbindungen ist das Handy jedoch immer zu bevorzugen. Internet ist wenn überhaupt, nur in den Hauptstädten zu gebrauchen. Alle anderen Versuche sind gescheitert. Am einprägsamsten ist die Tankstelle aus Malawi, die mit dem weltweiten Netz lockte, jedoch sechs Rechner über ein Motorola-Handy ins Internet schickte. Alleine der Seitenaufbau dauerte Ewigkeiten. Von anderen Reisenden haben wir gehört, dass es immer mehr Plätze gibt, an denen W-Lan verfügbar ist und das man sich dort mit einer akzeptablen Geschwindigkeit einloggen an.

Stichwort Spenden

Warum wird die Hälfte des Autorengewinns gespendet?

Ich habe dieses Buch nicht geschrieben, um damit reich zu werden. Ein solcher Wunsch ist bei einer derartigen Literatur-Nische (Afrika&Motorrad) und einer branchenüblich geringen Umsatzbeteiligung des Autors auch nicht zu erwarten. Ich hatte Spass am Schreiben der Zeilen und möchte damit etwas „Gutes" tun. Meine zwiespältigen Gedanken zur Entwicklungshilfe habe ich im Inhalt des Buches bereits angesprochen. Vor Ort haben Timo und ich für uns entschieden, keinem der bettelnden Kinder irgendetwas zu geben. Dies mag sich hartherzig anhören, ist aber meiner Auffassung geschuldet, dass solche Gaben nicht nachhaltig sind. Es ist meine Überzeugung, dass die Früchte der Entwicklungshilfe nur dann gedeihen können, wenn die Saat bei den Jüngsten gesät wird. Erst wenn Hunger und Bildungsdurst gestillt sind, kann sich ein Land meiner Meinung nach entwickeln.

Während der Reise haben wir mehrere Erfahrungen zum Thema Bildung machen können.

Blaise berichtete uns voller Stolz von der seiner Meinung nach guten Bildung im Land. In Ruanda ist Bildung für alle kostenlos. Es gibt ein komplettes Schulsystem inklusive Universitäten.

In Tansania entgegen sprachen wir mit Lehrern, die ehrenamtlich von Dorf zu Dorf ziehen, um in unregelmäßigen Abständen Schüler zu unterrichten. Eben dieser Unterricht konnte nur sporadisch stattfinden und die Ausstattung mit Lehrmaterialien war gelinde gesagt, rudimentär.

Jack erzählte uns auf der MS Liemba, dass viele seiner Freunde gar keinen Anreiz in der Schulbildung sehen würden. Meistens würde sich die Familie über die hohen Kosten beschweren und sofern der Schulbesuch erfolgreich abgeschlossen sei, stünden die Verwandten wieder fordernd vor der Tür.

Dies sind drei subjektive Wahrnehmungen und keine umfassende Beschreibung der Bildungsproblematik Afrikas. Doch gerade weil sie subjektiv sind, möchte ich an dieser Stelle so helfen, wie ich es für richtig und wichtig erachte. Deshalb habe ich mich entschieden, 50% meines Autorengewinns über UNICEF, CARE oder HELPALLIANCE für Bildungsprojekte in Afrika zu spenden.

Ist es für Außenstehende nachvollziehbar, wie viel Geld inzwischen gespendet wurde?

Ja, absolut. Ich werde auf meiner Homepage www.auszeit-afrika.de mindestens ein Mal im Halbjahr einen Beleg über die verkauften Bücher und die damit verbundenen Spenden veröffentlichen.

Stichwort „gute Ratschläge“

Gibt es einen ganz besonderen Tipp für Personen, die Ähnliches vorhaben?
Nein, „den einen“ Tipp gibt es sicherlich nicht. Wichtig ist vor allem zu beachten, dass es riesige Unterschiede zwischen den einzelnen afrikanischen Ländern gibt. Unterschiede in Bezug auf die politische Stabilität, die Kultur, die Kriminalität, die Ausbreitung des Tourismus, etc. Man sollte sich also sehr länderspezifisch vorbereiten und nicht von den Gegebenheiten eines Landes einen Rückschluss auf die Situation im angrenzenden Land ziehen. Außerdem wird eine solche Reise massiv von den gewählten Straßen beeinflusst. Man kann durch ganz Afrika auf asphaltierten Landstraßen fahren – man muss es aber eben nicht.

Am Ende wird eine derartige Reise nie ein Urlaub, sondern immer ein Abenteuer sein!

Danke

Mein größter Dank gilt **Timo**. Ohne Dich hätte dieses Abenteuer niemals stattgefunden! Es war eine geile Zeit!

Ich danke meiner zukünftigen Frau **Anke**. Danke, dass Du soviel Verständnis und Interesse für diesen Trip aufgebracht hast. Es war wundervoll zu Dir zurückzukehren, ich liebe Dich!

Danke an meine **Mum**, Du hast mich der werden lassen, der ich bin. P.S.: Sorge dich nicht so viel! ;-). Ich danke meinem verstorbenen **Dad**. Durch dich habe ich die Leidenschaft fürs Motorradfahren überhaupt entdeckt. Ich glaube fest daran, dass Du mein Schutzengel auf dieser Reise warst. Miss u! Danke an **Stefan** für die Idee und Umsetzung zu www.sms-aus-afrika.de. Ich weiß, dass wir Dir die ein oder andere schlaflose Nacht bereitet haben.

Danke an „**McGyver**" für all die Tipps und die Hilfe beim Um- und Aufrüsten der Maschine. Danke an die Menschen, die wir unterwegs kennen gelernt haben. Menschen, die uns mit unendlich großer Hilfsbereitschaft gegenübergetreten sind und deshalb hier erwähnt werden. Danke an **Miriam**, unsere „Mutter Teresa" aus Mombasa. Danke an **Mark** aus Malawi für all die guten Tipps. Danke an **Werner** von africanmotiontours für diese wahnsinnige letzte Woche. Danke an die Teams der **Gweta Lodge** und des **Bridge Backpackers**. Ohne Eure Unterstützung hätte ich die Probleme mit meinem Bike nicht so schnell lösen können.